Andrea Fischer

Glücksorte im Hunsrück

Fahr hin und werd glücklich

Droste Verlag

Joshua und Alisha: Ihr seid mein größtes Glück.
Dieses Buch ist für euch.

Mein besonderer Dank geht an meine liebe Cousine Heidi, die fast alle Glücksorte mit mir besucht hat. Ohne dich wäre es nur halb so schön gewesen.

Ein herzliches Dankeschön auch an meine wunderbare Lektorin Antje Kluth. Die Arbeit mit Ihnen hat Spaß gemacht. Ich habe viel von Ihnen gelernt.

Und nicht zuletzt möchte ich dem Droste Verlag Danke sagen, dass ich dieses Buch überhaupt schreiben durfte.

Liebe Glücksuchende,

im Hunsrücker Dialekt gibt es ein Wort, das niemand erklären muss, weil jeder weiß, was gemeint ist: Gehaischnis. Dieses Wort steht für Wärme, Geborgenheit, selbst gemachte Erdbeermarmelade und Heimat. Genau dieses anheimelnde Gefühl findet man im Hunsrück überall. Sei es beim Besuch mittelalterlicher Städtchen oder in der wilden Schönheit der Natur. Altes Fachwerk, verwunschene Burgen und funkelnde Edelsteine erzählen Geschichten zum Staunen und Träumen. Rauschende Bäche, wilde Tiere und duftende Wiesen laden dazu ein, die Welt da draußen für einige Zeit zu vergessen.
Der Hunsrück ist reich an verborgenen Schätzen, Geschichten und Abenteuern. Bereits die Römer und Kelten fühlten sich hier wohl und hinterließen ihre Spuren.
Für mich war es eine Herzensangelegenheit, dieses Buch zu schreiben. So lässt sich die Schönheit dieses liebenswerten Stückchens Erde ganz wunderbar hinaus in die Welt tragen. Gerne teile ich mit Ihnen meine Glücksorte. Ich bin sicher, auch Sie finden hier Ihr persönliches Gehaischnis.

Ihre Andrea Fischer

Deine Glücksorte ...

... noch mehr Glück für dich

Zu alter Zeit im Dorf

1 *Freilichtmuseum Bad Sobernheim*

Wie es wohl früher war, so vor 500 Jahren, als sich die Menschen noch durch vereiste oder vermatschte Wege kämpfen mussten? Als man noch mit Rückepferden mühselig Holz für den Winter herbeischaffen und das Heu in Bündeln von Hand auf den kleinen Holzwagen laden musste, um es nach Hause zu karren? Im malerischen Nachtigallental, am Ortsrand von Bad Sobernheim, wird der Alltag der Bauern und Winzer von einst mit allen Sinnen erlebbar. Dazu sind vier vollständige kleine Dörfer mit knapp 40 historischen Gebäuden vor Ort Stein für Stein abgebaut und dann im Freilichtmuseum originalgetreu und liebevoll bis ins Detail wieder aufgebaut worden. Jedes Dorf präsentiert eine Region aus Rheinland-Pfalz, darunter auch den Hunsrück. Die ältesten Gebäude stammen etwa aus dem Jahre 1650, die jüngeren sind aus dem 20. Jahrhundert. Die historische Vielfalt ist beeindruckend. Ebenso die Ausstattung der einzelnen Häuser. Eine Dorfschmiede, ein Kaufmannsladen und sogar ein Tanzsaal laden zu einer kurzweiligen Reise in die Vergangenheit ein. Es gibt eine Wassermühle, Winzerhäuser und Bauernhöfe. Ein Rundweg führt von Dorf zu Dorf vorbei an Ackerflächen, Wiesen und Bauerngärten, die nach historischen Vorbildern bestellt werden. Auf den Weiden grasen Glanrinder, Weideschweine, meckernde Ziegen, Schafe, Stallhasen, frei laufende Hühner, Gänse und Enten. Zudem gibt ein Lehrbienenstand lebendigen Einblick in das Landleben vergangener Tage.

Einmal im Monat wird im Backhaus Brot gebacken, und an vielen Sonntagen sorgen verschiedene Aktions- und Thementage für zusätzliches Leben. Dieser Museumsbesuch macht auch Kindern Spaß, denn neben einem kostenlosen Museumsquiz gibt es eine umfangreiche Puppen- und Blechspielzeugsammlung. Um das Museum zu erkunden, sollte man sich mindestens drei bis vier Stunden Zeit nehmen – am besten mit der ganzen Familie oder mit Freunden. Denn geteilte Freude ist ja bekanntlich doppelte Freude!

Rheinland-Pfälzisches Freilichtmuseum, Nachtigallental 1, 55560 Bad Sobernheim, Tel. (0 67 51) 85 58 80, www.freilichtmuseum-rlp.de

Anreise besser mit dem Auto: Parkplatz vor dem Museum

LANZ

Essen in Omas Bett

2 *Historische Weinwirtschaft mit Klößen*

Dort, wo der Hunsrück das Mittelrheintal berührt, liegt die „Stadt der Türme und des Weins". Links am Fuße des „Hunsbuckels" schlängelt sich der Rhein durch das zauberhafte kleine Städtchen Oberwesel. Neben Fachwerkhäusern, Kirchen und Weinstuben bezaubert die gut erhaltene begehbare Stadtmauer mit ihren 16 von insgesamt 21 Türmchen. Im Herzen dieser malerischen Kulisse reihen sich kleine Glücksorte wie Perlen auf einer Kette aneinander.
Kommt man im Sommer, so lockt der Duft der Magnolie bereits von Weitem in den malerischen Garten der historischen Weinwirtschaft, des ältesten Hauses von Oberwesel. Die Eingangstür ist dann meist offen. Kerzenschein verbreitet eine warme und heimelige Stimmung. Das Ambiente im Inneren der Weinwirtschaft entführt in eine andere Zeit. Mit ganz viel Liebe zum Detail haben die Besitzer die vier kleinen Gasträume so eingerichtet, dass die 500-jährige Geschichte des Hauses wirklich fühl- und sichtbar wird. Jeder Raum ist einem anderen Thema gewidmet. Doch wo sitzt es sich nun am besten? In der Gaststubb oder in der Wohnstubb? Oder doch lieber in der „Alte Kich"? In der Schloafstubb kann man sogar im ausgesägten Bett den Abend ausklingen lassen!
Jeder Raum ist so schön, dass die Wahl schwerfällt. Und auch die Kochkunst betreffend, kann das urig-gemütliche Gasthaus mit Holzdecken und rohen Ziegelwänden sich durchaus sehen lassen. Von traditionellen Hunsrücker Klößen über gebackenen Ziegenkäse oder Blutwurst mit Kartoffelpüree bis hin zum eleganten Rumpsteak in Pfeffersoße ist für jeden Geschmack etwas dabei. Die Speisekarte ist in Mundart verfasst, die Weinkarte findet man auf den Etiketten von großen Weinflaschen, die auf den Tischen stehen. Kerzenschein, leckeres Essen und dazu einen hervorragenden Wein – was braucht man mehr zum Glücklichsein?

Historische Weinwirtschaft, Liebfrauenstraße 17, 55430 Oberwesel, Tel. (0 67 44) 81 86
www.historische-weinwirtschaft.de
ÖPNV: Zug RB, RB26, RE, Haltestelle Hbf. Oberwesel

Keine Angst, Rotkäppchen!

3 *Gar nicht so wild im Wildfreigehege Wildenburg*

Wo lebt eigentlich die Wildkatze, das Wappentier der Nationalparkregion? Und wie gefährlich ist der Wolf wirklich, der sich nun wieder den Weg zurück in den Hunsrück bahnt? Der Nationalpark Hunsrück-Hochwald ist zwar nicht Yellowstone oder die Serengeti. Anstelle von Löwen, Leoparden oder Büffeln trifft man hier eher auf Wildschweine, Hirsche, Waschbären, Luchse und Wildkatzen und vielleicht auch auf einen Wolf, der durch die endlosen Wälder des Hunsrücks streift. Im Wildfreigehege Wildenburg wurden vor einigen Jahren Wolfswelpen angesiedelt, damit die Menschen mehr über diese Tiere erfahren können. Das kleine Rudel lebt dort in einer fast 10.000 Quadratmeter großen umzäunten Wolfslandschaft unter alten Buchen mit reichlich Versteckmöglichkeiten und einer Höhle. Es sind Europäische Grauwölfe, die früher schon einmal heimisch im Hunsrück waren, bevor der Letzte seiner Art 1879 auf dem Erbeskopf erschossen wurde.

Doch was frisst so ein Wolf überhaupt? Eines ist gewiss: Rotkäppchen muss nichts befürchten, denn lebende Wesen als Futter sind per Gesetz im Park verboten. Nach leckerem Sonntagsbraten sieht die Wolfsnahrung aus totem Fleisch auch nicht aus. Neben dem Wolfsgehege gibt es eine Wildkatzenstation. Hier landen immer wieder vermeintlich ausgesetzte Kätzchen, die in Wirklichkeit kleine Wildkatzen auf Erkundungstour sind, während Mama Katze auf Beutezug ist.

TIPP

Es gibt Foto-Workshops im Wildfreigehege. Mehr: www.klickfaszination.de

Das 42 Hektar große Areal ist Heimat von rund 400 Tieren, darunter Ziegen, Wildschweine, Wild und Uhus. Auf den Wegen gackern glückliche Hühner, die frei ihrer Beschäftigung nachgehen und Körner suchen. Für Kinder ist der Park ein Highlight. Sie können Rehe und Hirsche füttern und im kleinen Streichelzoo Kaninchen ganz nah erleben. Außerdem gibt es einen Spielplatz, auf dem die Kinder herumtollen, während die Erwachsenen die wunderschöne Landschaft genießen. Zwei Rundwege führen vorbei an alten Bäumen und vermitteln im Einklang mit der heimischen Tierwelt ein unvergessliches Naturerlebnis.

- **Wildfreigehege Wildenburg, Wildenburger Straße 22, 55758 Kempfeld, Tel. (0 67 86) 72 12 www.wildfreigehege-wildenburg.de**
- **ÖPNV: Zug RE3, RB33 bis Bahnhof Idar-Oberstein, Bus 343, Haltestelle An der Wildenburg**

Schottland-Feeling

4 *Balduins Burgruine Baldenau*

Es gibt Tage, da will man einfach nur Ruhe, inneren Frieden und Entspannung, zumindest für ein paar Stunden. Da genügen dann eine Decke und ein Rucksack als Gepäck für eine Auszeit in der Abgeschiedenheit. Ein Trip in die schottischen Highlands muss es gar nicht sein, denn auch der Hunsrück ist Heimat von vielen schönen „Castles", die an Urlaub in Schottland erinnern. Die Burg Baldenau in der Nähe der Hunsrückhöhenstraße hat dieses Schottland-Feeling. Als Wahrzeichen der Region ist das Gemäuer eines der meist fotografierten Motive.
Überregionale Bekanntheit hat die Ruine als Drehort des Heimat-Epos von Edgar Reitz erlangt. Landschaftlich liegt die einzige Wasserburg des Hunsrücks liebevoll eingebettet im Tal der Dhron. Und im Wassergraben rund um die Burg schwimmen doch tatsächlich Koikarpfen!
Feuchtwiesen der Umgebung speisen die „Kleine Dhron", die sich einen Weg durch den Burggraben gebahnt hat. Dadurch bleibt das Wasser im Graben frisch und fault nicht, obwohl es sich um ein stehendes Gewässer handelt. Vor ihrer Zerstörung besaß die Baldenau sogar drei oder vier Stockwerke mit rechteckigen Fenstern. Damals war sie von einem zwölf Meter breiten Wassergraben umgeben. Errichtet wurde das Bauwerk um 1320. Vier Jahre später wurde die Burg bezogen, als in direkter Nachbarschaft ein Haus mit zahlreichen Kammern, Stuben, Ställen und Scheunen errichtet wurde. Ihren Namen hat sie übrigens von ihrem Erbauer Balduin von Luxemburg, seinerzeit Kurfürst und Erzbischof von Trier. Im 30-jährigen Krieg wurde die Burg zerstört, und man begann kurz danach mit dem Wiederaufbau.
Heute findet man hier einen Ort der Ruhe, an dem man seinen Gedanken nachhängen kann, während im Geäst Eichelhäher und Stieglitz um die Wette tirilieren. Vielleicht ergeht es einem ja wie dem Filmemacher Edgar Reitz, der als kleiner Junge an diesem Ort auf so spannende Gedanken kam, einen Film über den Hunsrück zu machen.

TIPP

Das „Burgvolk zur Baldenau" lagert regelmäßig in der Burgruine und lädt zum Besuch ein.

Burg Baldenau, 54497 Morbach
www.baldenau.de

Anreise: Bei Hundheim von der Hunsrückhöhenstraße B327 abbiegen und der Beschilderung folgen.

Steil ist geil

5 *Mit der Hunsrückbahn hoch hinaus*

„Eine Zugfahrt, die ist lustig, eine Zugfahrt, die ist schön. Ja, da kann man was erleben und da kann man etwas seh'n." So heißt es in einer Abwandlung eines alten Volksliedes. Und besonders schön ist eine Fahrt, wenn man mit der Hunsrückbahn auf einer der atemberaubendsten Bahnstrecken Deutschlands unterwegs ist – gerne auch mit dem Fahrrad, denn das kann mitgenommen werden. Für Bahnliebhaber gilt die Hunsrückbahn zwischen Boppard und Emmelshausen zu den interessantesten Schienenstrecken im ganzen Land.

Auf gerade einmal achteinhalb Kilometern zieht eine atemberaubende Landschaft von Mittelrheintal bis Vorderhunsrück am Zugfenster vorüber. In den13 Minuten Fahrzeit auf dieser Erlebnisroute überbietet eine Besonderheit die andere. Mit etwa 40 km/h geht es bei einer Steigung von 6 Prozent den Berg hinauf. Dabei überwindet der Zug durch fünf Tunnel und über zwei Viadukte 336 Höhenmeter auf einem 8,5 Kilometer langen Teilstück. Eine der spektakulärsten Brücken ist das Hubertus-Viadukt, das in einer Kurve über die Hubertusschlucht führt. Erbaut wurde diese Brücke aus sechs Rundbogenarkaden zwischen 1906 und 1908. Zu jeder Zeit galt das Viadukt aus bossierten Rotsandsteinquadern als eines der höchsten Steinbogenbrücken Deutschlands. Inzwischen wurde es in der Höhe überboten, aber nicht in seiner Grandiosität.

TIPP Einen anderen Blick auf die Hunsrückbahn gibt ein Wanderweg zwischen Buchholz und Boppard.

Weitere Highlights sind die vielen Tunnel, die man auf der kurzen Strecke passiert. Der Talberg-Tunnel ist mit 144 Metern der längste von allen. Die steilste Bahn Deutschlands gehört zum Verkehrsverbund Rhein-Mosel (VRM) und ist seit der Sanierung 2008 etwa 15 Mal am Tag in beide Richtungen unterwegs. Die Teilstrecke der Hunsrückbahn zwischen Boppard und Emmelshausen steht seit 1990 als technisches Meisterwerk unter Denkmalschutz.

Hunsrückbahn, Bahnhofstraße 5, 56281 Emmelshausen
www.hunsrueckbahn.de
ÖPNV: Zug RE1/RB81, Bus 628/629, Haltestelle Bhf. Emmelshausen

Der Busch brennt

6 *Der Rotenfels bei Bad Münster am Stein*

Oh. Mein. Gott! Biegt man um die Kurve in Richtung Bad Münster am Stein, verschlägt es einem fast die Sprache, so gigantisch ragt dort ein gewaltiges Felsmassiv in den Himmel. Es ist der Rotenfels, der bundesweit als höchste frei stehende Felswand nördlich der Alpen gilt. Kletterer aus aller Herren Länder kommen hierher, um ihrem Hobby zu frönen oder gezielt Bergrettung zu trainieren.

Der Rotenfels ist bei Kletterfreunden genauso beliebt wie bei Naturliebhabern. Das beeindruckend hohe Felsmassiv ist mit über 200 Metern die höchste Steilwand zwischen den Alpen und Skandinavien. Das steil aufragende Gestein ist nicht weniger als einen Kilometer breit und erinnert, von unten betrachtet, schon ein wenig an den Grand Canyon. Seine Front ist durch Kamine, Türme und Grate strukturiert. Auf diesem Felsen gedeihen Pflanzen und tummeln sich Tiere, die genau diese Wärme und Trockenheit bevorzugen. Die Artenvielfalt ist erstaunlich. Unter anderem gibt es hier einige vom Aussterben bedrohte Heuschreckenarten, Eidechsen, Schmetterlinge und Prachtkäfer. Und auch der Wanderfalke hat sich auf diesem einzigartigen Felsmassiv niedergelassen. Zwischen Moosen und Flechten, kleinen Büschen und Gras gedeihen auch sehr seltene Pflanzen wie das Holunder-Knabenkraut oder der Diptam. Letzterer enthält hochentzündliche ätherische Öle und wird daher auch „Brennender Busch“ genannt. Seine rosa Blüten verbreiten einen zitronigen Duft, aber Vorsicht: Beim Berühren kann man sich böse und langwierige Verbrennungen zuziehen.

Einer von vielen Wanderwegen dieser Umgebung führt direkt entlang der gesamten Kante des Bergmassivs und lädt zum Perspektivenwechsel ein. Von unten aus ist der Blick auf den Felsen schon atemberaubend. Aber oben bieten sich wunderschöne Aussichten und Fernsichten entlang der Rotenfels-Steilwand und nach unten ins Tal. Dabei genießt man einen herrlichen Ausblick auf Bad Münster am Stein und die Nahe-Region. Glück ist eben manchmal auch eine Frage der Perspektive.

Rotenfels bei Bad Münster am Stein/Norheim

Anfahrt mit dem Auto: von Bad Kreuznach kommend, von der B 41 auf die L 236 nach Norheim fahren

ÖPNV: Zug RB, Bus 252, Haltestelle Bhf. Norheim

Kuhstall ohne Kühe

7 *Herrstein und das Café Zehntscheune*

Selbst wenn es draußen stürmen und schneien würde und die Welt unterginge, dürfte man sich hinter dem meterdicken Mauerwerk der Zehntscheune wohl völlig sicher und geborgen fühlen. Dicke Eichenholzbalken recken sich schützend in die Höhe und sorgen bei den Bruchsteinwänden für den nötigen Halt.

Das schmucke Fachwerkhaus wurde 1525 errichtet und fungierte damals als Aufbewahrungsort für Zwangsabgaben, welche die Bauern an die regierende Herrschaft zu zahlen hatten. Dabei handelte es sich um den zehnten Teil ihrer Ernte, den sogenannten Zehnt-Teil. So erklärt sich auch der Name der Scheune. Später diente das Gebäude als Kuhstall und war im Laufe der Zeit ziemlich heruntergekommen. In den 1970er-Jahren hat man mehr als 50 Fachwerkhäuser im alten Ortskern von Herrstein saniert. Bei der Entfernung von grauem Putz und Eternitplatten kamen wahre Glanzlichter edler Baukunst aus der Vergangenheit zum Vorschein. Dort, wo einst noch Kühe friedlich am Futtertrog ihr Heu wiederkäuten, steht heute die Zehntscheune, liebevoll restauriert zu einem Ort für Zeitreisende in die mittelalterliche Vergangenheit. Geheimnisvoll schmiegt sie sich an die alte Stadtmauer des Ortes und lädt mit regionaler, hausgemachter Küche aus Omas Kochbuch zur Rast ein. Frisch gestärkt, kann es dann weitergehen auf dem Mittelalterpfad, einem Wanderweg, der im Ortskern beginnt. Allein der Weg durch das Dorf mit seinem Kopfsteinpflaster, den malerischen Gässchen, dem alten Uhrturm und reich verzierten Fachwerkhäusern aus dem 15. bis 18. Jahrhundert ist eine Ode an die Vergangenheit. Die hohe Baukunst der Spätgotik, der Renaissance und des Barock grüßt an allen Ecken und lässt das Herz des Romantikers höherschlagen. Eine Traumgilde aus zirka 60 Häusern unterhalb von Schloss und Kirche hat sich rund um den Rathausplatz gruppiert. Über einen Treppenaufgang gelangt der Wanderer hoch zur Schlosskirche und anschließend in den nahen Buchenwald. Von dort aus wird das wellige Hügelland des Hunsrücks mit Feldern, Wiesen und Wald sichtbar. Einfach nur schön!

Café Zehntscheune, Schlossweg 13, 55756 Herrstein, Tel. (0 67 85) 16 58
www.zehntscheune.de
ÖPNV: ab Bhf. Idar-Oberstein Bus 346, Haltestelle Post

Alles andere als stumm

8 *Die Stumm-Stube Sulzbach*

Was haben Mozart, Mendelssohn und Albert Schweitzer gemeinsam? Sie alle haben schon einmal auf einer echten Stumm-Orgel aus dem Hunsrück gespielt. Die Evangelische Kirchengemeinde Sulzbach ist die Heimat der Orgelbauerfamilie Stumm und der gleichnamigen Stumm-Orgeln. Geschrieben wurde das Jahr 1722, als Johann Christian Stumm in seiner kleinen Werkstatt in Sulzbach die erste Orgel baute. Eigentlich war er Goldschmied und zog als Geselle durch die Lande. Hier begegnete ihm der berühmte elsässische Orgelbaumeister Andreas Silbermann (1678–1734). Inspiriert von dessen Arbeit absolvierte der junge Stumm auch in diesem Metier bei Jakob Irrlacher in Kirn eine Lehre. Im Jahre 1714 legte er seine Meisterprüfung ab und eröffnete seine eigene Werkstatt in Sulzbach. Sein Ruf ging bald über den Hunsrück und das Rheintal hinaus. Innerhalb kürzester Zeit schon erstreckte sich sein Wirken von der Mosel über den Hunsrück und das Mittelrheintal bis in den Odenwald. Aber auch in Luxemburg finden sich Orgeln der Stumm-Dynastie, die sich über insgesamt sechs Generationen erstreckt.

TIPP

Der Orgelverein Sulzbach bietet eine Orgelwanderung mit dem Organisten von Orgel zu Orgel an.

Die älteste noch erhaltene Stumm-Orgel im Nachbarort von Sulzbach steht in der Evangelischen Kirche in Rhaunen. Diese Orgel wurde im Jahre 1723 erbaut. Ebenso ist das Instrument in Sulzbach in der Evangelischen Kirche gleich neben der „Stumm-Stube" eine Stumm-Orgel. Sie ist das letzte von Johann Michael Stumm geschaffene Werk, das er 1746 seiner Kirchengemeinde schenkte. Er tat das allerdings nicht nur aus reiner Nächstenliebe, sondern auch für sein Geschäft, denn so konnte er Kunden vor Ort demonstrieren, wie seine Orgeln klingen. Die „Königin der Instrumente" thront auf der Empore über dem Altar. Das barocke Gehäuse des Instruments wurde in Marmoroptik bemalt und mit goldenen geschnitzten Blattranken verziert. Der örtliche Stumm-Orgel-Verein hat die Orgel 1981 zur Erinnerung an den großen Orgelbaumeister liebevoll restauriert. Schön, dass wir das Ergebnis heute nicht nur sehen, sondern auch hören können.

Stumm-Stube, Kirchstraße 3, 55758 Sulzbach, Tel. (0 65 44) 13 90
ÖPNV: Bus 352, Haltestelle Hauptstraße

Oase der Arten

9 *Sommerau im Ruwertal*

Sommerau – das klingt doch schon nach Glück! Und wenn man das erste Mal durch die engen Serpentinenstraße durch den dichten Wald hinunter ins Tal nach Sommerau fährt, hüpft das Herz in Anbetracht dieser wunderschönen Aussicht auf das kleinste Dorf in der Verbandsgemeinde Ruwer. Nur eine einzige Straße führt dorthin. Über eine schmale Brücke gelangt man in den Ort. Schon an dieser Stelle möchte man stundenlang verweilen und dem wilden Rauschen der Ruwer zuhören, die sich liebevoll an den steilsten Weinberg der Region kuschelt. Ein Wasserfall prägt den Ortskern.

Hier ist nicht nur die Heimat von rund 80 Menschen, sondern die Natur zeigt sich in ihrer schönsten Form: Es gibt unzählige Weinbergschnecken, Schlingnattern und Mauereidechsen, hier wachsen Kresse und Sauerampfer, überall gedeihen Orchideen, und gelbe Teichrosen strahlen mit weißen um die Wette. Libellen und Schmetterlinge tanzen zum munteren Vogelkonzert am azurblauen Himmel und runden die Idylle ab. Im Zentrum des Ortes stehen Gut Sommerau und die im 13. Jahrhundert erbaute Burg, die den Ort mit seiner einzigartigen Pflanzen- und Tierwelt so besonders machen.

Zur Burgruine geht es über einen kleinen Wanderweg. Die Burgfenster geben den Blick frei auf ganz viel Wald, der in verschiedenen Grüntönen leuchtet. Gleich daneben ein steiler Weinberg. Der „Sommerauer Schlossberg“ gehört mit bis zu 60 Prozent Steigung zu den extremen Steillagen der Ruwer. Sein Boden aus lockerem Geröllschiefer lässt das Regenwasser sofort versickern. Hier reift der Riesling sehr langsam, doch die späte Ernte verleiht dem Wein sein filigranes Fruchtspiel bei strahlender, reifer Säure. Der kleine Mühlenort Sommerau gehört seit mehr als 100 Jahren zu den außergewöhnlichsten Weinbauorten der Mosel.

Unterschiedlichste Lebensräume treffen aufeinander und verbinden diese zu einem großen Biotop, das ein idealer Rückzugsort für seltene Tiere und Pflanzen ist. Sommerau wurde offiziell als „Leuchtpunkt der Artenvielfalt“ ausgezeichnet.

Sommerau im Ruwertal, 54317 Sommerau

Mit dem Auto: von Trier über die L 144 an Trier-Tarforst vorbei bis zur Abbiegung der Kreisstraße 57 nach Korlingen, in Gutweiler K 64 nach Sommerau

ÖPNV: VRT-Bus 30, 85, Haltestelle Sommerauer Straße

Kraxeln zu den Steinmännchen

10 *Die Sinnesbank auf den Dollbergen bei Otzenhausen*

Man muss sich schon ein wenig anstrengen, will man zu diesem magischen Ort auf den Dollbergen gelangen. Doch wie heißt es so schön im Volksmund: Je steiniger der Weg, umso wertvoller ist das Ziel. Also gutes Schuhwerk anziehen und los geht es vom Keltendorf bei Otzenhausen über gut 150 Höhenmeter nach oben zum Mannfels, einer natürlichen Abbruchkante der Dollberge, der höchsten Erhebung des Saarlandes.

Zum Ort des Glücks führt ein steiler und steiniger Pfad. Felsbrocken in allen Größen und Formen dienen den Füßen als Trittsteine. Rechts und links des Weges finden sich unzählige bemooste Steine, die Mutter Natur wie rein zufällig dorthin geworfen zu haben scheint. Vogelgezwitscher und der urwüchsige Wald vermitteln eine tiefe Verbundenheit mit der Natur und ein Gefühl von endloser Geborgenheit. Es duftet herrlich nach würzigem Harz, frischem Holz und feuchter Erde. Auch wenn der Aufstieg nichts für Sonntagsschuhe ist, lohnt sich die Kraxelei allemal. Denn oben angekommen, trifft man auf eine Sinnesbank, die den Wanderer zum Innehalten einlädt. Von dort aus gibt der Wald den Blick frei ins Tal auf die Primstalsperre, deren klares Wasser im Gegenlicht der Sonne glitzert. Alle Sorgen werden klein und unwichtig in Anbetracht der wilden Weite der Wälder, die in unterschiedlichen Grüntönen einen schönen Kontrast zum smaragdgrünen Wasser des Sees bilden. Jetzt einmal tief durchatmen und die herrliche Ruhe genießen, die nur durch das Rauschen der Blätter und den Gesang der Vögel leise untermalt wird. Offenbar haben wir aber stumme Gesellschaft:

Der Felsvorsprung, auf dem die Ruhebank steht, ist übersät mit kleinen Männchen, die Wanderer Stein auf Stein aufeinandergesetzt haben. Warum tun sie das? Nun, in alter Zeit dienten diese Figuren der Wegfindung oder dem Aberglauben. Heute scheint die Idee der lustigen Steinmännchen viele Wanderer einfach dazu zu inspirieren, selbst kreativ zu werden. Und Kreativität ist ja laut Einstein bekanntlich Intelligenz, die Spaß hat.

TIPP Auf der knapp zwölf Kilometer langen Traumschleife „Dollbergschleife" kann man herrlich wandern.

Sinnesbank auf den Dollbergen, 66620 Otzenhausen
Mit dem Auto: Parkplatz an der L 147, Ringwallstraße, Ortsausgang Otzenhausen Richtung Neuhütten, ab Keltenpark Beschilderung zum „Hunnenring" folgen
ÖPNV: Bus 629, R 200, Haltestelle Marktplatz Otzenhausen, 15 Min. Fußweg

Her mit dem Pferd

11 *Streicheleinheiten im Romantik-Hotel Schloss Rheinfels*

Hand aufs Herz – wer träumt nicht davon, einmal wie eine wirkliche Prinzessin auf einem romantischen Burghotel zu residieren und sich rundum verwöhnen zu lassen? Einmal nicht auf jeden Euro achten müssen und einfach nur genießen. Und wenn die Burg auch gleichzeitig ein Schloss ist – umso besser! Also rauf aufs Pferd und hoch ins Schloss! Und wer kein Pferd zur Hand hat, kommt auch ganz gut mit dem Auto dorthin. Das Romantik-Hotel Schloss Rheinfels ist ein wahres Märchenschloss.

Die im 13. Jahrhundert erbaute Burg gehört zu den größten Burgruinen des Welterbes Oberes Mittelrheintal. Einst gehörte sie zum Haus Hohenzollern und wurde später Eigentum der Stadt St. Goar. Heute befindet sich neben der Burgruine ein Hotel, das sich perfekt in die Teile der historischen Burg einfügt. Die geschmackvolle Innenausstattung des Hotels ist vom malerischen Aussichtsrestaurant über den luxuriösen Wellnessbereich bis zu den farblich durchkomponierten Zimmern und Suiten so stilvoll, wie es sich für ein Schloss gehört. Ein wahrhaft märchenhafter Ort.

TIPP Das ganze Jahr über gibt es Veranstaltungen – von der Küchenparty bis hin zum Krimidinner.

Da kommt man schon ins Träumen, wenn man so ganz gemütlich auf der Welterbe-Terrasse liegt, ein Glas fruchtigen Spätburgunder in der Hand mit dem Rhein zu Füßen. Hoppla, lässt da nicht etwa die berühmte Loreley von gegenüber ihren Kamm neidisch sinken, denn genau zu ihr hat man einen herrlichen Blick von der Anhöhe des Hotels. Jetzt noch eine Auszeit im Wellnessbereich – das sind wahre Streicheleinheiten für Körper und Seele. Im Anschluss fehlt nur noch ein leckeres Abendessen: In verschiedenen Restaurants und Schänken haben Gäste die Wahl zwischen rustikaler und gehobener Feinschmecker-Küche. Welch ein schöner Tag!

Romantik Hotel Schloss Rheinfels, Schlossberg 47, 56329 St. Goar, Tel. (0 67 41) 80 20
www.schloss-rheinfels.de

ÖPNV: Zug RB26, RE, Bhf. St. Goar, dann städtischer Shuttle-Bus, Haltestelle Schloss Rheinfels

Glück in der Linkskurve

12 *Rastplatz „Hochleiblick“ bei Bad Salzig*

Es gibt Dinge, die gehören einfach zusammen. Was wäre Kino ohne Popcorn? Was ein Topf ohne Deckel oder ein Sommer ohne Sonne? Genau so verhält es sich mit einem freien Tag, an dem man einfach einmal ohne Ziel ins Blaue fährt, nichts ahnend, dass genau in einer unscheinbaren Kurve ein kleiner Parkplatz liegt, der mit einem Tisch und zwei Bänken zum Anhalten einlädt. Man kommt zwangsläufig dort vorbei, wenn man auf der Hunsrückhöhenstraße (B327) von Emmelshausen und Buchholz nach Fleckertshöhe unterwegs ist. Etwa 400 Meter weiter in der Linkskurve befindet sich der Parkplatz „Hochleiblick“.
Menschen, die diesen bezaubernden Ort bereits kennen, packen sich regelmäßig einen Picknickkorb mitsamt der Familie, um den tollen Ausblick weit über das Mittelrheintal bei einem kleinen Imbiss zu genießen und dem Treiben auf dem Rhein oder auch in der Luft zuzuschauen, denn auch bei Gleitschirmfliegern ist die Region sehr beliebt. Im Sonnenlicht leuchten bunte Drachenflieger und bahnen sich in den Sommermonaten ihren Weg über die größte Rheinschleife. Einfach einmal nur in der Sonne sitzen und darüber sinnieren, wie es wohl wäre, so frei wie ein Vogel über Vater Rhein zu kreisen. Oder man beobachtet die vorbeikommenden Wasserfahrzeuge, denn das beruhigt. Neben großen Transportschiffen passieren Ausflugsdampfer, Kreuzfahrtflussschiffe und Fähren im Minutentakt das Sichtfeld. Und gleich gegenüber grüßen zwei sagenumwobene Burgen aus der Vergangenheit: Es sind die Burgen Sterrenberg und Liebenstein, die einst zwei verfeindeten Brüdern gehört haben sollen. Um diese Burgen ranken sich viele Mythen. Ihren Ursprung findet die Sage im Gedicht „zwei Brüder“ von Heinrich Heine aus seinem „Buch der Lieder“. Jede Menge Raum also – zum Nachdenken, Träumen und Pläneschmieden für die neue Woche, in die man nach dieser Pause wieder frisch gestärkt mit glücklichen Eindrücken starten kann.

TIPP Der Aussichtsturm Fünfseenblick befindet sich gegenüber dem Parkplatz im Wald und ist ausgeschildert.

Rastplatz „Hochleiblick“, Anfahrt: Hunsrückhöhenstraße (B327) von Emmelshausen nach Fleckertshöhe, Rastplatz ca. 400 m weiter in der Linkskurve

Handgepickelte Stollen

13 *Besucherbergwerk Herrenberg mit Fossilien-Museum*

Acht Grad kühl bei 90 Prozent Luftfeuchtigkeit: Das sind die Bedingungen „unter Tage“ im Bergwerk Herrenberg, das im sogenannten „Tal der Jahrtausende“ liegt. Hier, wo einst junge und alte Layenbrecher seit dem frühen Mittelalter bis in die 60er-Jahre Schiefer – in Hunsrücker Platt Layen genannt – abgebaut haben, ist heute ein Besucherbergwerk, in dem die Geschichte der Bergleute wieder lebendig wird. Handgepickelte Stollen, terrassenförmige Abbauten und Weitungen vermitteln, unter welch schweren Bedingungen jahrhundertelang Schiefer gebrochen und abgebaut wurde. Mittendrin im großen Gewölbe steht ein Baumstamm, der sogenannte Steigbaum, an dem die Bergleute hochgestiegen sind, um die Schieferplatten freizulegen. Wie man sich bestimmt vorstellen kann, eine sehr heikle und gefährliche Arbeit.

Um das Bergwerk in Bundenbach ranken sich zahlreiche Anekdoten. Eine davon ist die Geschichte der Heiligen Barbara, die dort Kameraden gerettet haben soll. Die heilige Barbara war ein außergewöhnliches Mädchen, die wegen ihres Glaubens vom eigenen Vater ermordet wurde. Sie gehört zu den heiligen 14 Nothelfern und gilt als Patronin der Sterbenden, Helferin gegen Blitz- und Feuergefahr und Schutzpatronin der Bergleute. Angeschlossen an das Besucherbergwerk ist ein Fossilien-Museum, denn Bundenbach ist wegen seiner versteinerten Meerestiere weltberühmt. Nirgendwo anders auf der Welt wurde eine derartige Vielfalt an Fossilien aus Flora und Fauna gefunden. Übrigens: Der letzte Teil von Edgar Reitz’ Filmsaga „Heimat“ spielte in ebendieser Schiefergrube. Im Film schlendert die Titelfigur Hermann Simon mit seiner ersten großen Liebe Klärchen durch die Bergwerkhöhle. Im Film ahnt damals der junge Hermann noch nicht, dass er Jahre später als Komponist nach Bundenbach zurückkehren und seine eigene Komposition mit einem Chorgesang in Hunsrücker Platt inszenieren wird. Sie soll „Gehaischnis“ heißen. Es ist ein Ausdruck, der im Hunsrücker Dialekt für Geborgenheit, Vertrauen und Nestwärme steht.

TIPP Ein Wanderweg führt vom Bergwerk aus zur Schmidtburg, der ältesten Burg im Hunsrück.

Besucherbergwerk Herrenberg, Ringstraße 1, 55626 Bundenbach, Tel. (0 65 44) 92 72
www.vg-rhaunen.de/Tourismus-Freizeit/Sehenswuerdigkeiten

Schillerndes Künstlervolk

14 *Kunststelle Wadern vereint bunte Truppe*

Dort, wo viele Jahre nichts war als leere, große Schaufenster, pulsiert heute wieder das Leben. In der Kunststelle Wadern treffen sich Maler, Schmuckdesigner, Schriftsteller, Musiker, Bildhauer und Lebenskünstler. Kunstschaffende aus Deutschland, Luxemburg, Frankreich und Osteuropa gehen ein und aus. Kunst ist international und braucht keine Sprache außer sich selbst. Hier trifft sich das schillernde Künstlervolk, um seine Kunst zu präsentieren oder aber auch, um in Verbindung zu bleiben – mit sich und der Welt.

Zum festen Künstlerstamm gehört Elisabeth (Elli) Elzer, deren Stärke die Fantasie ist. Sie malt stets gerade das, was sie fühlt, und kreiert so fast immer ein Feuerwerk aus Farben, Kraft und Inspiration. Man trifft hier Vincent Bayona, dessen fantastische Interpretationen der Tier- und Pflanzenwelt aus Speckstein Kunstinteressierte in die verborgene Schönheit des Steins eintauchen lassen. Fest im Team ist auch die Diplom-Kommunikationsdesignerin Sabine Wissmann. Sie lebt und arbeitet als ganzheitliche Künstlerin dekorativer Kunst (Gemälde, Unikatschmuck, Design) in Trier. Die Malereien des aus dem Kosovo stammenden Kunstmalers Montonio Beqiri sind so vielfältig, dass man sie in keine bestimmte Schublade stecken kann. Christa Witte lässt den Betrachtern ihrer „Kunst-Scherben-Welt" viel gedanklichen Freiraum. Durch freies Zusammenfügen der Scherben zu einer neuen ästhetische Einheit geht auch nichts verloren. Seit 2013 belebt die bunte Truppe mit ihrer Kunst das Stadtbild.

TIPP Die Kunststelle ist jeweils am zweiten und letzten Sonntag im Monat von 14:30 bis 17 Uhr geöffnet.

Das Konzept, Kunst und Kultur in der Innenstadt anzubieten, geht dank der vielfältigen Unterstützung durch die Stadt Wadern voll auf. Nicht wegzudenken ist auch Chris Meier, die Galerie und Künstler ehrenamtlich betreut und organisiert. Regelmäßig finden hier mit Kunst kombinierte Veranstaltungen, wie Flamenco-Tanz, Whisky-Tastings und Lesungen statt. Und manch einer nimmt sein Glück in Form eines Kunstwerks mit nach Hause. Kunst wäscht den Staub des Alltags von der Seele, das wusste bereits Pablo Picasso.

Kunststelle Wadern, Unterstraße 5, 66687 Wadern, Tel. (0 68 71) 25 49
ÖPNV: SaarVV Bus R1, Haltestelle Haco

Den ganzen Tag frühstücken

15 *Café Zeitgeist in Boppard kennt keine Uhr*

Altes Fachwerk, dicke Eichenbalken, windschiefe Wände, Gauben, ein Schieferdach, Schnitzwerk und Inschriften. Schon vom Marktplatz aus verzaubert der Anblick des so liebevoll schüchtern anmutenden Häuschens zwischen der Severus Kirche und dem Rhein. Genau so ein Haus muss es gewesen sein, in dem Oma Käthe alten Erzählungen nach, mit ihrer bunt karierten Küchenschürze bekleidet, am großen Küchentisch stand und einen leckeren Kuchen mit Puderzucker bestäubte, bevor sie aus ihrer alten Porzellankanne frisch gebrühten Kaffee in eine ihrer blumenzarten Sammeltassen einschenkte.

Beim Näherkommen fällt ein Spruch ins Auge: „Betritt unser Haus ohne Falschheit und List, dann nehmen auch wir dich so auf, wie du bist." Ach, wie schön! Auch das klingt nach Heimat und Oma Käthe, da fühlt man sich doch gleich willkommen. „Café Zeitgeist", wie das schon klingt! Die Tür am ältesten Fachwerkhaus von Boppard ist offen. Also nichts wie hinein in die gute Stube. Erbaut wurde das historische Kleinod im Jahre 1519, so ist es über der antiken Eingangstüre zu lesen. In späteren Jahren haben seine Besitzer mit viel Herzblut und Charme die Ausstattung stil- und liebevoll dem historischen, über 400 Jahre alten denkmalgeschützten Fachwerkhaus angepasst. Wer sich nach vergangenen Zeiten sehnt und gleichzeitig in den Genuss bester und köstlichster selbst gebackener Kuchen, Törtchen und Keksen kommen möchte, ist im Café Zeitgeist genau richtig. Die Gaststube wirkt wie ein niedliches kleines Puppenhaus. Und ebenso lieb und nett ist auch Yvonne Schiller, die Chefin des Hauses. Ein freundlicher Plausch mit den Gästen, das gehört für die sympathische junge Frau, die als „Kuchenbäckerin" ihr Hobby zum Beruf gemacht hat, einfach dazu. Neben Kaffeespezialitäten wie Cappuccino, Espresso, Latte Macchiato und Milchkaffee gibt es je nach Lust und Laune der Bäckerin verschiedene kleine süße Versuchungen. Frühstück bekommt man hier den ganzen Tag. Ein Glücksort, nicht nur für Langschläfer.

Café Zeitgeist, Untere Marktstraße 10, 56154 Boppard, Tel. (0 67 42) 8 96 78 00
www.cafezeitgeist.jimdo.com
ÖPNV: Zug IC, RB26; RE, Bhf. Boppard

Kuchen
is(s)t
Glück

Tümpelsmauer & Felskaskaden

16 *Der Wasserfall in Saarburgs Innenstadt*

Würden die Kellner und Bediensteten der zahlreichen Cafés und Bistros am „Buttermarkt“ die Bestellung nicht auf Deutsch entgegennehmen, könnte man glauben, man sei irgendwo an der Rialto-Brücke von Venedig. Wortfetzen in Englisch, Französisch und Luxemburgisch schweben von den Tischen herüber. Egal, vor welchem Café man sitzt, überall am Platz herrscht eine tolle Atmosphäre zum Ausruhen, Austauschen und Entspannen. Es gibt viele Lokale und Geschäfte am Ufer der Leuk, die sich genau hier mit Getöse über Felskaskaden 20 Meter in die Tiefe stürzt. Urlaubsgefühle kommen auf, blickt man entlang der vielen bunten Sonnenschirme und ausgeklappten Markisen bis hinauf zu der gut 20 Meter hohen Tümpelsmauer, die auf kurfürstlichen Befehl im Jahre 1641 zur Stabilisierung der Böschung errichtet wurde. Von der Eisenbrücke sowie von den beiden Aussichtsplattformen rund um den Wasserfall lassen sich die gewaltigen Wassermassen der Leuk bestens beobachten.
Der Wasserfall ist eine wahre Meisterleistung aus dem 11. oder 12. Jahrhundert. Alten Überlieferungen nach gelang es den damaligen Stadtherren, den Leukbach mitten durch die mittelalterliche Stadtanlage umzuleiten und somit den natürlichen Höhenunterschied von rund 20 Metern von Ober- und Unterstadt bestens zu nutzen. Die Leuk wurde in ein künstliches Bett verfrachtet und über einen Felsen in einen Graben zur Saar geleitet. Den Wasserfall machte man sich zunutze, um mit seiner Kraft die Schaufelräder der Stadtmühlen anzutreiben. Bis auf den heutigen Tag liefert das herabfallende Wasser mithilfe einer Turbine Strom ins Zentrum von Saarburg. Die Beleuchtung des Buttermarktes wird von dieser Energiequelle gespeist. Wenn man von der historischen Eisenbrücke auf die alten Häuser entlang des Flusses schaut, versteht man den Beinamen „Klein Venedig“, der diesem märchenhaften Ort gegeben wurde. Die Saarburger Altstadt am Saarufer bezaubert durch enge Gassen und bunte Fischer- und Schifferhäuser. Urlaubsgefühle inklusive.

Wasserfall, Am Markt, 54439 Saarburg
www.saarburg.de
ÖPNV: Bus 206, 243, Haltestelle Bahnhof-Güterstraße

Mit Weinglas um den Hals

17 *Weinerlebniswanderung um Züsch und Neuhütten*

Nanu? Was hat das bloß zu bedeuten? Auf den Straßen und Wegen rund um die Gemeinden Neuhütten und Züsch tummeln sich fröhliche Wandersleut' mit einem Weinglas in der Hand. Andere tragen es in einer Schlaufe um den Hals. Locker-flockig sind sie unterwegs auf Schusters Rappen durch die malerische Idylle des Altbachtals, vorbei an romantisch plätschernden Bachläufen und den herrlichen Aussichten vom Dollberg aus.

Die Weinerlebniswanderung rund um Züsch und Neuhütten findet jedes Jahr Anfang Oktober als Auftaktveranstaltung der Züscher Kreativ- und Genusstage statt. An fünf Stationen entlang der rund elf Kilometer langen Strecke können über 40 Weine aus allen sechs Weinregionen von Rheinland-Pfalz probiert werden. Das Speisenangebot reicht von Flammkuchen über Winzersteaks und Spießbraten bis hin zu geräucherten Forellen und selbst gemachtem Ziegenkäse. Vom Bürgerhaus in Züsch führt der Rundwanderweg über einen Steig hinab zum Industriedenkmal „Züscher Hammer", einem Eisenhüttenwerk aus dem 17. Jahrhundert. Vom Tal des Altbachs führt ein schmaler Fußweg hoch zur malerischen Hütte des Ski-Clubs Dollberg, einer weiteren Station der Wanderung. Von hier aus geht es zurück nach Züsch, vorbei an idyllischen Weiden mit Pferden, Rindern, Schafen und Ziegen bis hin zum Angelweiher der Gewässerfreunde Fraubachtal. Dort gibt es frische geräucherte Forellen aus dem kleinen Angelweiher. Mit Kaffee und Kuchen sowie herzhaften Schwenkern und Würstchen wartet die Heimathütte am Züscher „Gericht" auf die Wanderer. Im Züscher Bürgerhaus steigt alljährlich die „After-Walk-Party". Auch wenn es diese Großveranstaltung nur einmal im Jahr gibt, so kann man das ganze Jahr über die Strecke der Weinwanderung gehen. Ein Besuch auf dem Rosenhof lohnt sich ebenfalls zu jeder Jahreszeit. Hier gibt es einen Hofladen und die Möglichkeit zum Reiten.

Weinerlebniswanderung, Start: Bürgerhaus, Hermeskeiler Straße 15, 54422 Züsch
www.weinwanderung.net/zuesch
ÖPNV: RMV Bus 209, Haltestelle Hermeskeiler Straße

Melodie der Lüfte

18 *Zu Fuß durch die Skulptur „Windklang“*

Der Weg zum Glück führt hoch hinaus. Um genau zu sein, sind es 816,32 Meter bis zum Gipfel des Erbeskopfs, der höchsten Erhebung in Rheinland-Pfalz. Dort steht die Skulptur „Windklang“ wie ein gigantischer hölzerner Violinschlüssel mitten in der rauen Natur des Berges. Entworfen hat das beeindruckende Kunstwerk der Bildhauer Christoph Mancke. Die 16,5 Meter hohe und 70 Meter lange Skulptur wurde im April 2012 als Höhepunkt des Saar-Hunsrück-Steigs eröffnet. Einzigartig vereint die Windklang-Skulptur viele Tonnen von Stahl mit einem edlen Kleid aus Holz und spielt so in jeder Jahreszeit ihre eigene Komposition aus Wind und einer traumhaften Landschaft.

Auf dem Berg mit bundesweit der besten Luft – ja das stimmt wirklich! – werden viele Sorgen klein und nichtig in Anbetracht der schönen Natur. Trübe Gedanken haben keinen Platz mehr, schaut man nach unten auf die Skipiste, die dem Betrachter, eingerahmt in bunte Wälder, zu Füßen liegt. Der Weitblick reicht bis in die Eifel hinein. Bei völlig klarer Sicht erhascht man sogar eine Fernsicht bis in die französischen Ardennen. Beim Gang über den Steg durch die Skulptur bis zum Aussichtspunkt erlebt und empfindet der Besucher die Landschaft aus immer neuen Perspektiven. Dann heißt es nur noch: Ausschweifen und der Fantasie freien Lauf lassen.

TIPP Zum Gipfel gibt es an der Hauptstraße eine eigene Auffahrt.

Ein Besuch der Skulptur lohnt sich immer, denn jedes Wetter komponiert ein eigenes Lied. Der Wind strömt durch die Figur und erzählt so zart säuselnd oder hart rauschend Geschichten nach einer eigenen Musik, die den Gesetzen der Natur folgt, denn auf dem Berg ist der Wind meistens stärker als unten im Tal.

Da der Weg zur Skulptur barrierefrei zugänglich ist, kann man sie auch mit Kinderwagen oder als Rollstuhlfahrer gut erreichen. Ein wahrer Spaziergenuss, der das Zusammenspiel von Kunst und Natur spür- und erlebbar macht.

Freizeitzentrum Erbeskopf, 54426 Hilscheid
www.erbeskopf.de
Anfahrt: Von der Hunsrückhöhenstraße (327) auf L 164 abbiegen und den Schildern folgen
ÖPNV: Bus 328, Haltestelle Hunsrückhaus

Unterwegs zum flüssigen Gold

19 *Moseltour per Schiff*

Manchmal findet man das Glück, wenn man die Perspektive wechselt. Warum nicht einmal die Welt aus der Flussmitte erleben? Die Mosel als eine der natürlichen Trennlinien zum Hunsrück bietet hierzu wundervolle Gelegenheiten. Eine Schifffahrt auf der Mosel haben bekanntlich schon die alten Römer genossen, und diese Völkergruppe war für damalige Verhältnisse schon opulent genießerisch. Während die Schifffahrten der Römer auf der Mosel eher dem Handel dienten, so ist man heute wesentlich entspannter und feudaler unterwegs.

Ganz gleich, ob bei Kaffee und Kuchen oder einem kompletten Mahl – auf den Ausflugsschiffen der Mosel ist alles möglich. Mal ausgelassen tanzend und Party feiernd auf einem der Partyschiffe oder aber ganz ruhig an Deck eines Ausflugsdampfers die Sonne genießend. Links und rechts vom Schiff reihen sich weltberühmte Weinlagen und viele kleine moseltypische Orte wie Perlen aneinander und tauchen den Betrachter in Moselromantik vom Feinsten. Südländisches Flair und idyllisches Fachwerk wechseln sich ab mit der wilden Schönheit der Weinberge, deren „flüssiges Gold“ vor über 2000 Jahren ihren Ursprung hat.

TIPP Auskunft über Zusteigeorte für Schifffahrten erteilen alle Tourist-Informationen entlang der Mosel.

Sowohl rechts als auch links der Mosel werden Weinsorten angebaut, die zu den edelsten der Welt gehören. Die Namen „Wehlener Sonnenuhr“ aus Bernkastel-Kues und der „Bernkasteler Doctor“ sind jedem Weinkenner ein Begriff und genießen große Berühmtheit. Die Reben werden auf 60 Grad steilen Schieferterrassen angebaut und finden dort einen idealen Standort. Schon die alten Römer haben das erkannt und bereits in der Antike mit dem Rebenanbau an der Mosel begonnen. Denen hat es schon damals so gut gefallen, dass sie sich hier niederließen, Wein anbauten und ihre Villen errichteten. Heute noch finden sich entlang der Mosel viele kleine und schöne Lokale mit freiem Blick auf das Lieblingsgewässer der Römer von einst. In so einer schönen Gegend sollte man eine Rundfahrt auf der Mosel einplanen. Es gibt zahlreiche Einstiegsstellen in den Regionen Trier, Bernkastel-Kues und Cochem.

Schiffsanlegestelle Schweich, Am Moselufer, 54338 Schweich
www.moselrundfahrten.de

Stella Noviomagi

Der Promi-Koch von Naurath

20 *Schlemmen in Rüssels Landhaus*

Friedlich ruht das schmucke Landhaus am Waldesrand von Naurath/Wald. Verführerisch blinkt das Sonnenlicht durch die hohen Tannen direkt auf den großen Teich zu den quakenden Fröschen und summenden Bienen. Zwei muntere kleine Rehe grasen fröhlich auf einer Lichtung. Landleben – Balsam für die müde Seele. Hier unten im Tal mitten in der Natur lädt die ehemalige Mühle Menschen aus aller Welt zur edlen Gemütlichkeit ein. Auf der einen Seite des Landhauses lockt das Gourmet-Restaurant mit einer kreativen und modernen „Neuen Deutschen Küche“ auf Sterneniveau. Gleich nebenan befindet sich das Lokal „Hasenpfeffer“ mit Blick auf den See. Es bietet bis zu 70 Personen Platz zum Speisen, Tagen und Feiern. Hier zeigt das Landhausteam, dass lokale Landhausküche ebenso schmackhaft wie erschwinglich sein kann. An Sommertagen speisen die Gäste auf der idyllischen Terrasse am See. Für Sternekoch Harald Rüssel und seine Frau Ruth ist mit dem Landhaus ein Traum in Erfüllung gegangen. Das kleine Landgut ist Heimat und Arbeitsplatz zugleich. Umringt ist es von dichten Wäldern, saftigen Wiesen und plätschernden Bächen. Ein Ort zum Durchatmen. Ein Heim für die Familie. Ein gastliches Restaurant. Das mit viel Liebe zum Detail eingerichtete Ambiente und die Qualität der Speisen kommen an. Harald Rüssel ist bekannt durch seine Kochsendungen beim SWR und als Autor mehrerer Kochbücher. Seine Kochkunst wurde unter anderem von Guide Michelin und Gault Millau ausgezeichnet. Das Landhaus zählt zu den fünf besten Restaurants in Rheinland-Pfalz.

TIPP

Mit den Wildkochbüchern von Harald Rüssel werden auch Sie zum Sternekoch.

Bundesweit gehört es zu den TOP 30. Die Jagd ist Harald Rüssels zweite Passion. Frische Wildgerichte finden sich immer auf der Speisekarte. Während sich Ehefrau Ruth um traumhafte Übernachtungsarrangements, den schönen Garten und alles Administrative kümmert, arbeitet auch Sohn Max im elterlichen Betrieb mit. Der gelernte Koch und Konditor hat das Gastro-Gen seiner Eltern geerbt. Elternglück – und noch mindestens eine weitere Generation glückliche Gäste.

Rüssels Landhaus, Büdlicherbrück 1, 54426 Naurath/Wald, Tel. (0 65 09) 9 14 00
www.ruessels-landhaus.de

ÖPNV: Bus 328, Haltestelle Büdlicherbrück

Im Urwald von morgen

21 *Mit Rangern durch den Nationalpark*

Laut CNN, einem der größten Nachrichtensender der Welt, gehört der Nationalpark Hunsrück-Hochwald zu den zehn schönsten Reservaten unserer Erde. Um das zu erkunden, geht es mit einer Gruppe wanderfreudiger Naturliebhaber auf eine Führung durch die Wildnis mit einer echten Rangerin. Eine solche Tour sollte man auf keinen Fall verpassen, weil sie einen unweigerlich ins Schwärmen bringt.

Wir starten am Bürgerhaus des Nationalparkdorfs Neuhütten-Muhl. Zusammen mit Rangerin Alexandra Bloch geht es also schnurstracks in den Wald. Die Sonne strahlt mit uns Wanderern um die Wette. Wir atmen die erste echte Nationalparkluft ein, denn bereits nach wenigen Metern ist man mittendrin, im „Urwald von morgen", wo die Natur einfach Natur sein darf.

Über uns zwitschern die Vögel. Ein Schwarzfink hämmert munter drauflos. Immer wieder blitzt die Sonne durch die dichten Kronen, und es duftet herrlich nach würzigem Harz, Holz und feuchter Erde. Weiter geht es immer tiefer in den dichten Wald, vorbei an wilden Orchideen, Knabenkraut, Teufelskralle und Ruchgras bis hin zur größten Bärwurzwiese in Rheinland-Pfalz. Moos, Farne und Baumblätter in allen Grünschattierungen leuchten im Zusammenspiel mit der Sonne. Eine uralte Buche liegt auf dem Boden. Ganz ohne Äste, aber mit Löchern für Specht und Hohltaube. Zudem ist sie übersät mit Zunderschwämmen. Wie die Rangerin erklärt, sind das Pilze, die aus den Stämmen heraushängen und sich immer zum Erdmittelpunkt hin ausrichten. Im Mittelalter soll man einen Teil des Zunderschwamms genutzt haben, um Schießpulver anzureichern. Außerdem wirkt er auch antiseptisch zur Behandlung von Wunden. Im Nationalpark Hunsrück-Hochwald will man die Natur ihrer Ursprünglichkeit bewusst überlassen. Kein verschönerndes Eingreifen von Menschenhand, sondern gewachsene Wildnis, wie sie von alleine entsteht. Hier dürfen Buchen bis zu 400 Jahre alt werden, Fichten oder Tannen sogar bis zu 600 Jahre. Für unsere Nachfahren entstehen auf diese Weise alte Wälder mit Bäumen bis 60 Metern Höhe. Ein glücklicher Gedanke!

Bürgerhaus Muhl, Kirchstraße, 54422 Neuhütten, Rangertouren
www.nationalpark-hunsrück-hochwald.de
ÖPNV: Bus 209, Haltestelle Bürgerhaus Muhl

Ein Juwel für Marilyn

22 *Deutsches Mineralienmuseum in Idar-Oberstein*

„Diamonds are a girl's best friend." Das wusste schon Marilyn Monroe, und das wissen auch die Menschen im malerischen Städtchen Idar-Oberstein. Im Mineralien-Museum dreht sich alles um kostbare und edle Steine, Smaragde, Kristalle und Juwelen, die Herzen höherschlagen lassen. Und jeder dieser Steine hat seine eigene spannende Geschichte. Idar-Oberstein gilt als Hochburg der edlen Glanzstücke. Viele der ausgestellten Kostbarkeiten stammen aus der Region. Wunderschöne Amethyste und Achate sind dort unter anderem zu bestaunen. Wohin man auch schaut, blinkt und funkelt es. In Vitrinen mit romantischer Beleuchtung kommen die edlen Steine besonders gut zur Geltung. Die unterschiedlichsten Gebilde von Quarzen und Bergkristallen strahlen in schillernden Farben um die Wette. Neben einer Vielzahl an Edelsteinen aus aller Welt haben sich hier die schönsten und größten Kristalle, die je aus Übersee nach Europa gebracht wurden, zu einem gemeinsamen Strahle-Konzert versammelt.

Viele Mineralien entfalten ihre prachtvolle Schönheit erst unter UV-Licht. Erst das bringt sie richtig zum Leuchten und kann man im Museum eindrucksvoll bewundern. Darüber hinaus beherbergt Deutschlands schönster Kristallsaal auch die größte Sammlung von Nachbildungen historischer Diamanten. 400 Millionen Jahre alte Versteinerungen – darunter Seesterne, Seelilien und Krebse –, herausgelöst aus dem Hunsrückschiefer der Devonzeit, geben dem Betrachter ein Gefühl von Unendlichkeit. Idar-Obersteiner Schmuck aus dem 19. und 20. Jahrhundert, alt und modern in verschiedenen Stilrichtungen, sind genauso ausgestellt wie eine alte funktionsfähige Achatschleife mit Wasserrad. In der stadtgeschichtlichen Abteilung geben Fotos, Modelle und Urkunden Einblicke in die Entwicklung der Stadt Idar-Oberstein.

Neben der einmaligen Motivsammlung „Mineralien und Edelsteine auf Briefmarken" gehören kunsthandwerkliche Skulpturen und Gefäße sowie die Heilsteine der Hildegard von Bingen zu den Kostbarkeiten des Museums.

Deutsches Mineralienmuseum, Hauptstraße 436, 55743 Idar-Oberstein, Tel. (0 67 81) 2 46 19
www.deutsches-mineralienmuseum.de

ÖPNV: Zug ICE, IC, RB, RE, S, Bahnhof Idar-Oberstein

Tausend Blumen

23 *Café „Mille Fleures“ in Birkenfeld*

Ein echter Geheimtipp für Schöngeister und Nostalgiker versteckt sich an einer Durchfahrtstraße am Ende von Birkenfeld in Richtung Ellenberg. Inmitten von Blüten, Pflanzen, Stauden, Sträuchern und allerlei Kräutern erinnert ein Café an Garten, Frühlingssonne und Sommerfrische. „Blumen sind die schönen Worte und Hieroglyphen der Natur, mit denen sie uns andeutet, wie lieb sie uns hat“, das sagte bereits Johann Wolfgang von Goethe, und hier sind sie alle versammelt: Rosen, Hortensien, Lorbeerkirsche, Schneeball oder Wieseniris. Grün, blau, gelb, rot, zartrosa und weiß blüht es im schönsten Gartencafé von Birkenfeld. Schmale Pfade schlängeln sich von der großzügigen Terrasse zu zahllosen kleinen Blütenzauber-Oasen. Und überall gibt es kleine bezaubernde Blickfänge voller altertümlicher Poesie in Gestalt von alten Tongefäßen, Gugelhupfformen und verrosteten Kannen, die den morbiden Charme des Verfalls aufs Liebevollste widerspiegeln. Zudem wirkt der Garten so verwunschen, als sei er in Jahrzehnten gewachsen und in seinen Grundzügen niemals erneuert worden. Einige große Obstbäume sehen so aus, als stünden sie schon immer dort. Genau hier ist der Platz zum Innehalten. Hier kann man sich zum Plaudern verabreden oder auch ganz entspannt ein Buch lesen. Das ist auch der Raum, um auf Vergangenes zu schauen und Kraft zu tanken für Neuanfänge.

Das liebevoll eingerichtete Café lädt zum gemütlichen Verweilen ein. Unendlich viele Kindheitserinnerungen erwachen beim Betrachten des liebevoll dekorierten Sammelsuriums aus alten Kannen, Tassen, Kaffeemühlen und Trögen längst vergangener Tage. Auf einem alten Küchenherd steht die Bratraine, als würde die geschmolzene Butter auf ihren Einsatz warten. Im Schatten von rankendem Efeu und duftend blühendem Oleander schmecken hausgemachte Kuchen, Konfitüren und viele andere Leckereien doch gleich viel romantischer.

Café-Bistro Mille Fleurs, Hochwaldstraße 44 a, 55765 Birkenfeld, Tel. (0 67 82) 43 55
www.cafe-millefleurs.de
ÖPNV: Zug RB, RE, Haltestelle Prof.-Baldes-Straße

Wein zur Fürstenrettung

24 *Der Marktplatz in Bernkastel-Kues*

Wer die Rüdesheimer Drosselgasse mag, wird Bernkastel-Kues lieben. Hier schlägt das Herz der Mosel. Hier spielt – zumindest im Sommer – die Musik! Eingebettet in steile Weinberge, an denen die edelsten Tropfen der Welt wachsen, schmiegt sich das kleine Städtchen ins Moseltal. In den Sommermonaten tummeln sich hier Gäste von überallher und zücken an jeder Ecke ihre Kameras, um all die Schönheit des mittelalterlichen Marktplatzes mit seinen traumhaften Giebelfachwerkhäusern aus dem 17. Jahrhundert mit nach Hause zu nehmen. Genau an dieser Stelle muss der Nabel des kleinen romantischen Moselstädtchens sein. Schiefergedeckte Krüppelwalmdächer mit wunderschön ausgeschmückten Gauben, altes Fachwerk mit kunstvollen, bunten Balkenzeichnungen, wohin das Auge auch blickt. Das Renaissance-Rathaus aus dem Jahre 1608 und das wohl meist fotografierte Motiv des Städtchens. Das niedliche Spitzhäuschen aus einer Zeit von vor 200 Jahren erinnert irgendwie an ein Schiff, das sogleich die Leinen löst und in See sticht.

Der Marktplatz war und ist damals wie heute Zentrum des pulsierenden Lebens. Von hier aus führen enge, blumengeschmückte Gassen zu den zahlreichen Restaurants und Cafés. Ein Beispiel für filigrane Meisterarbeit ist der Sankt Michaelsbrunnen aus dem Jahre 1606. Ebenso wie die edlen Häuser zeugt er vom einstigen Wohlstand der idyllischen Stadt an der Mittelmosel. Bernkastel-Kues liegt am Fuße der exklusivsten Weinberge der Welt.

TIPP Von der Burg Landshut hat man einen fantastischen Blick auf die Mosel.

Am bekanntesten ist wohl der sogenannte „Bernkasteler Doctor“. Wie der zu seinem Namen kam, erzählt eine Legende. Demnach soll der Trierer Kurfürst Boemund II. im 14. Jahrhundert bei einem Besuch auf der Burg Landshut schwer erkrankt sein. Seine Ärzte wussten keinen Rat. Erst das Geschenk eines Winzers brachte die Wende. Der überreichte dem Kranken ein Fässchen Wein, denn Wein sei die beste Medizin. Und siehe da: Nach dem Genuss des edlen Tropfens wurde der Fürst wieder gesund.

Marktplatz Bernkastel-Kues, Parkplatz am Moselufer, Gestade, 54470 Bernkastel-Kues, von dort aus wenige Meter Fußweg in die Innenstadt

ÖPNV: Bus 300, 333, 346, Haltestelle Moselufer, Gestade

Weinstube
Spitzhäuschen
Pizzeria
ITALIA

Das Gold der Lieben Frau

25 *Liebfrauenkirche Oberwesel*

Unübersehbar ragt das Bruchsteinbauwerk mit den großen gotischen Fenstern steil und schlank in den Himmel über Oberwesel. Wegen der rot gestrichenen Bruchsteine wird das imposante Gemäuer aus dem 14. Jahrhundert auch als „rote Kirche" bezeichnet. Die einzelnen Baukörper sind von klarer Geometrie ohne jede Schmuckform. Auch im Inneren weichen sie vom typischen Bild einer gotischen Kirche ab: Es gibt mächtige Pfeiler anstelle der bekannten schmalen gotischen Säulen. Das Mittelschiff präsentiert sich hoch aufragend, während die Seitenschiffe niedrig angesetzt sind. Ein mächtiger Lettner trennt das 38 Meter hohe Kirchenschiff vom Chorraum. Auch wenn der Kathedrale einige charakteristische gotische Bauelemente fehlen, so zählt sie zu den bedeutendsten hochgotischen Kirchen in Rheinland-Pfalz. Von außen prachtvoll und im Inneren gesegnet durch einen beeindruckenden Reichtum an historischen Kunstschätzen. So gehört der handgeschnitzte Goldaltar der Liebfrauenkirche gar als ältester hochgotischer Schreinaltar zu den bedeutendsten Kunstwerken am Mittelrhein.

TIPP

Es werden täglich Kirchenführungen angeboten. Auskunft und Anmeldung im Pfarrbüro.

Die prachtvollen Bögen, Säulen und Ziergiebel des Altars erinnern an die Fassade einer gotischen Kathedrale. Farbig gestaltete Figuren stehen vor goldenem Grund und verkünden vom Werk der Erlösung Gottes an den Menschen. An den Pfeilern befinden sich Fresken und mittelalterliche Wandbilder, die lebensgroß Geschichten aus der Bibel erzählen.

Die wunderschöne Barockorgel aus dem Jahre 1740 lädt zu regelmäßigen Orgelkonzerten ein. Im Turm der Basilika hängen fünf Glocken, wobei die jüngste schon 600 Jahre alt ist und die älteste im Jahre 1258 gegossen wurde. Im ehemaligen Kreuzgang ist jetzt ein Vikariegarten mit Rasen und Rosen. Seit 2002 ist die Liebfrauenkirche Teil des UNESCO-Welterbes Oberes Mittelrheintal

Liebfrauenkirche Oberwesel, Liebfrauenstraße, 55430 Oberwesel
www.pfarreiengemeinschaft-oberwesel.de
ÖPNV: Zug RB, RB 26, RE, Haltestelle Bahnhof Oberwesel

Ein Karussell für Genießer

26 *Jahrmarktfeeling im RheinTheater Bacharach*

Es gibt Dinge im Leben, die immer faszinieren und für Augenblicke zurück in die früheste Kindheit entführen. Ein jeder weiß, wie sich das anfühlt. Es ist wie ein Sehnsuchtsort, an dem man am liebsten bleiben möchte. In Bacharach auf der Rheinterrasse ist so ein Ort, an dem Kindheitserinnerungen wach werden.

Gleich von der Bundesstraße aus sieht man das wie aus einem Traum gefallene Karussell mit seinen grün-roten Streifen und der an ein Zirkuszelt erinnernden Form. Nichts wie hin! Vielleicht ist das Feuerwehrauto noch frei oder das Pferd! Beim Näherkommen stellt man fest – hier wird keineswegs gerade Kirmes gefeiert. Das Karussell gehört zum RheinTheater und lädt zum Einsteigen ein. Die Figuren und Fahrzeuge des alten Fahrgeschäftes sind längst verschwunden. Stattdessen stehen auf dem großen runden Holzboden nun Tisch und Bänke. Das uralte Karussell hat sich in einen gemütlichen und wetterfesten Biergarten verwandelt. Nostalgische Schilder wie „Bitte Platz nehmen“ oder „Hier hält die Straßenbahn“ oder „Den Kindern das Fahrgeld bitte abgezählt in die Hand geben“ erinnern noch an seine einstige Bestimmung. Bei schlechtem Wetter schützen durchsichtige Kunststoffvorhänge vor Wind oder Nässe. Besonders schön wird es am Abend, wenn Hunderte von Glühlämpchen der originalen Karussellbeleuchtung den Biergarten in ein strahlendes Lichtermeer tauchen. Dazu eines der vier selbst gebrauten Bacchusbräu-Biere, naturtrüb und frisch vom Fass. Der Genuss wird perfekt mit einem knusprig gebackenen Treberbrot mit Speck und Zwiebeln. Die angebotenen Speisen sind einfach, aber sehr gut. Der Service ist schnell und freundlich.

Die wohl einzige Theaterbrauerei der Welt hat aber noch mehr zu bieten. Im kleinen Theaterraum gibt es Kleinkunst in Form von Kabarett, Lesungen, Musikabenden für die großen oder Marionettentheater und Märchen für die kleinen Gäste. Das Leben ist manchmal wie ein Karussell. Entweder man springt auf, oder man steht daneben und schaut zu.

RheinTheater, Koblenzer Straße 14-20, 55422 Bacharach am Rhein, Tel. (0 67 43) 91 91 79
www.rheintheater.de

ÖPNV: Zug RB, RB26, RE, Haltestelle Bhf. Bacharach

Heißes Eisen

27 *Altes Handwerk am Züscher Hammer*

Was haben ein Schornsteinfeger, ein Kleeblatt und ein Hufeisen gemeinsam? Genau – es sind Glückssymbole. Eine Art dieser Glückssymbole wurde sicherlich neben Schwertern, Messern und Nägeln in vergangener Zeit von Hand in Züsch hergestellt. Unten im Mühlental befindet sich ein Denkmal vorindustrieller Eisenverarbeitung. Vor etwa 400 Jahren stand genau an der Stelle die größte Eisenverhüttungsanlage weit und breit. Um dorthin zu gelangen, geht es erst einmal durch den Tannenwald hinunter zum Altbach. Dort stehen heute die Mauerüberreste und ein Holzhaus.

Nach großem Industriedenkmal sieht es allerdings auf den ersten Blick nicht aus. Dazu muss man schon in das Holzhaus hineingehen. Hier fällt der Blick sogleich auf den wuchtigen Hammer. Bei einer Vorführung bekommt man eine Ahnung davon, warum genau hier gut 150 Jahre lang die Eisenindustrie blühte. Klack – klack – klack: Fortwährend fällt der schwere Hammer rhythmisch auf den Amboss, auf dem das heiße Eisen geschmiedet wird. So wie vor knapp 400 Jahren bestimmen das schwerfällige Pochen des Hammers, das Rauschen des Mühlenrades und der Geruch von Kohle und Holz die Atmosphäre im Mühlental zwischen Neuhütten und Züsch. Mit sicherem Blick und geübter Hand bringen Mirko Hermann und Hans-Walter Ganz vom Förderverein Züscher Hammer das glühende Metall in die erforderliche Position, damit die gewünschte Form entstehen kann.

TIPP Krimibuchautor Hans-Peter Lorang veranstaltet Krimiwanderungen am Hammer. Info: www.lorang.de

Erhitzt wird das Eisen mit brennender Holzkohle, die im Tal am Hammer gewonnen wird. Damals, als in vorindustrieller Zeit an dieser Stelle die größte Eisenverhüttungsanlage weit und breit stand, haben die Arbeiter unter weitaus schwereren Bedingungen schuften müssen. Doch so bekommt der Zuschauer eine kleine Vorstellung davon, wie die Männer in den „Waldhüttendörfern" Züsch, Neuhütten oder Damflos im 18. und 19. Jahrhundert ihr tägliches Brot verdient haben.

Neben dem Hammerwerk bietet das idyllische Mühlental viel Raum zum Krafttanken.

Förderverein Züscher Hammer, 54422 Neuhütten, Tel. (0 65 03) 21 80
www.zuescher-hammer.de

Anfahrt: von Züsch kommend, in Neuhütten die erste Straße rechts

Duftberauscht zur Mitte hin

28 *Verzaubernde Lavendel-Labyrinth in Kastellaun*

Wer schon immer mal einen Glücksrausch erleben wollte, hat Gelegenheit dazu im herrlich duftenden Lavendel-Labyrinth von Kastellaun, das mit seinem Duft wie eine Droge einen wahren Glückstaumel zu entlocken vermag. Eine Spaziergängerin bleibt davor stehen. Sie überlegt wohl, wo der Anfang ist und wo das Ende. Zögerlich setzt sie den ersten Schritt hinein in die blühende Pracht. Schritt für Schritt geht es weiter in Richtung Mitte. Es scheint ihr zu gefallen, denn sie lächelt, und auf ihren Wangen bilden sich winzige Grübchen. Es ist Sommer. Da zeigt sich das Labyrinth als ein Meer aus Farbe und Duft. Besonders intensiv ist dieses sinnliche Erlebnis barfuß. Die Wärme der Bodens unter den nackten Fußsohlen stellt eine wunderbare Verbindung zu Mutter Erde her. Ringsherum flattern Schmetterlinge. Hummeln und Honigbienen berauschen sich am Zauber dieses Ortes.

Das Aroma des Lavendels betört bereits seit Jahrtausenden Menschen, Tiere, Insekten und Pflanzen auf ganz besondere Weise. Das haben bereits die alten Ägypter erkannt und nutzten das Gewächs als Heilpflanze und Beruhigungsmittel für die Seele. Seit Jahrtausenden sind Menschen vom Sinnbild des Labyrinths fasziniert. „Wer sich auf den Weg macht, um die Mitte zu finden, wird seine eigene Mitte finden", so lautet die spirituelle Ideologie. Damit wird das Labyrinth zum Spiegel der eigenen Seele. Der Weg steht für den Lebensweg, der letztlich zum wahren Selbst führen soll, sofern wir mutig genug sind, unsere eigenen verschlungenen Lebenswege weiterzugehen und nicht aufzugeben. Unterwegs zum Mittelpunkt des Labyrinths, der die Erlösung symbolisiert, finden sich immer wieder Abbiegungen, an denen man sich neu in Richtung Ziel ausrichten muss. Letztendlich ist das Ziel gefunden. Im Zentrum des Labyrinths strebt ein junger Apfelbaum zum Himmel empor. Er steht als Sinnbild für die Hoffnung. Und, wenn man es rein spirituell betrachtet, kann auch aus dem letzten Rest der Hoffnung Glück entstehen.

TIPP **Parkplätze gibt es am Friedhof. Es ist nicht erlaubt, auf dem Feldweg zum Labyrinth zu fahren.**

Lavel-Labyrinth Kastellaun, Am Salzmühler Weg, 56288 Kastellaun
www.lavendel-labyrinth.de
ÖPNV: Bus 615, 620, 629, Haltestelle Marktplatz

Bei Asterix und Obelix

29 *Durchs Holztor in die Keltensiedlung Altburg*

Die wohl bekanntesten Kelten bei Jung und Alt gibt es nur auf dem Papier: Asterix, Obelix und Miraculix gehören zur Volksgruppe der keltischen Gallier. Doch wie und wo lebten die berühmt-berüchtigten Kelten eigentlich? Zumindest die Illusion, wie die keltischen Ureinwohner vor rund 2300 Jahren lebten, gibt es auf einem Plateau im Hunsrück im Keltendorf Altburg bei Bundenbach. Die Umgebung ist authentisch, denn vor über 2000 Jahren gab es dort wirklich eine Siedlung.
Entdeckt wurde diese in den 70er-Jahren bei Ausgrabungen durch das Rheinische Landesmuseum. Heute stehen die rekonstruierten Gebäude genau in den Pfostenlöchern der Hütten von einst. Nach Auffassung des Landesmuseums zählt die Altburg zu den anschaulichsten Zeugnissen früheren Lebens im Hunsrück. Die bedeutsamsten Vorfahren der moselfränkischen Region gehörten übrigens dem keltischen Volksstamm der Treverer an, die vor der römischen Eroberung den Hunsrück beherrschten.
Hinter einem großen Holztor, durch das man in das Keltendorf gelangt, ist alles so nachgebaut, wie es früher war. Vor dem geistigen Auge tauchen Bilder auf: Menschen in keltischen Gewändern, die Feuerholz sammeln. Oder wie sie Färberpflanzen wie Haselnuss, Distel, Scharfgarbe und Johanniskraut in ihre Beutel packen, um Wolle zu färben. Und tatsächlich hackt ein „echter Kelte" gerade Holz vor einer Hütte. Im Inneren der mit Stroh bedeckten Behausung ist eine Feuerstelle zu sehen. Hier hat Miraculix sicher immer seinen Zaubertrank gebraut! Beeindruckend sind auch die Werkzeuge, die die Kelten damals schon hatten. Neben Hammer, Bohrer, Meißel und Zange findet sich hier sogar eine steinerne Säge mit scharfen Zacken. Ein gut erhaltener Webstuhl ist Zeuge dieser Zeit.
Beim Verlassen der Siedlung springt ein kleiner weißer Hund hinter einem Baum hervor. Wenn das nicht mal der zum Leben erwachte leibhaftige Idefix ist …

TIPP Von hier aus empfiehlt sich eine Wanderung der Traumschleife Hahnenbachtaltour zur Schmidtburg.

Keltensiedlung Altburg, Ringstraße 28, 55626 Bundenbach, Tel. (0 65 44) 92 72
www.sgoerner.de/bundenbach/keltensiedlung.html
Mit dem Auto: Wanderparkplatz Schmidtburg

Ein wildes Ding am Himmel

30 *Segelflugplatz Kell am See*

Der Traum vom Fliegen ist so alt wie die Menschheit selbst. Schon Ikarus schwang sich der griechischen Mythologie zufolge mit an seinem Körper befestigten Federn der Sonne entgegen, um seinem Gefängnis auf Kreta zu entrinnen. Er kam der Sonne zu nahe, das Wachs seiner Flügel zerschmolz, und er stürzte ins Meer. So wird es mir nicht gehen, verspricht mir Fluglehrer Steff Hau auf dem Weg zu dem kleinen Ultraleichtflugzeug, das im Schatten des Hangars steht und auf uns zu warten scheint. „Wild Thing!" steht in großen Lettern auf der Tür des Flugzeugs. Ein wildes Ding also. Ob ich da wirklich einsteigen und mitfliegen soll?
Die Thermik ist nicht so gut an diesem warmen Sonntagnachmittag. Mein Herz schlägt bis zum Hals, mein Puls rast, aber auf der Suche nach Glück muss man auch einmal etwas wagen. Und der Fluglehrer strahlt eine solche Ruhe aus, dass ich mich traue. Todesmutig steige ich, mit meiner Kamera bewaffnet, ein. Nach dem Anschnallen und dem Aufsetzen der Kopfhörer geht es los. Die einmotorige Maschine setzt sich in Bewegung und ich übergebe mein Schicksal in die erfahrenen Hände von Steff Hau, der uns nun auf die etwa fünf Meter breite Start- und Landebahn der großen Wiese steuert. Nach ein paar Metern ruhiger Fahrt gibt er auf einmal so richtig „Gas". Es rumpelt und poltert und ruckelt, dann erhebt sich die Nase des Flugzeugs langsam in Richtung des blauen Himmels, und es drückt mich mit aller Kraft in die grauen Ledersitze. Wir sind oben. Langsam wage ich einen Blick nach unten. Die Sicht ist einmalig. Der Himmel so azurblau wie von Kinderhand gemalt. Grüne Wiesen wechseln sich mit gelben Maisfeldern ab. Hier und da mal ein brauner Acker. In unterschiedlichsten Grüntönen leuchtet der Wald in der Sonne. Ich habe Schmetterlinge im Bauch und könnte ewig so weiterfliegen. Frei wie ein Vogel gleiten „Wild Thing", Steff und ich der Sonne entgegen – tausend Glücksmomente eingeschlossen!

TIPP

Auf der Sonnenterrasse zuschauen oder einfach einmal mitfliegen(ab 15 Euro).

Segelflugplatz, 54427 Kell am See, Tel. (0 65 89) 77 77
www.lsv-hochwald.de
ÖPNV: Bus 33, Haltestelle Kirche Kell am See, von dort 2 km Fußweg

Wild Thing
D-MHAU

Tante-Emma-Charme

31 *Unser Dorfladen in Mandern*

Glücksgefühle kommen nicht nur beim Küssen oder beim Sport auf, sondern auch bei einem Stück Sahnetorte, selbst gebacken nach Omas Rezept. Andere erleben dieses Hochgefühl beim gemeinschaftlichen Stricken oder bei einem frischen Bierchen an der Theke. Glücklich macht aber auch, wenn man gerade mitten beim Backen feststellt: „Hoppla, mir fehlen noch drei Eier", und man nur um die Ecke gehen muss, schon bekommt man, was fehlt – eine kleine Plauderei mit Frau Nachbarin inklusive. In dem idyllischen Dorf Mandern südlich von Kell am See gibt es ein Haus, in dem fast alles möglich ist.

Das schmucke Haus mit seiner großen Außenterrasse hat sich vom öden Leerstand zum strahlenden Dorfmittelpunkt gemausert. Die alte, lange Jahre leer stehende Bäckerei wurde zu einem absoluten Schmuckstück. Das Besondere daran: Die Bürger haben selbst investiert und sind jetzt Miteigentümer. Nachdem lange Zeit unklar war, wie und durch wen der Dorfladen bewirtschaftet werden soll, kamen Ortsbürgermeister Tim Kohley und dem damaligen Vorstandsvorsitzenden der Volksbank, Werner Dellwing, die Idee, den Bürgern des Dorfes die Möglichkeit zu geben, ihren Laden selbst zu betreiben, und zwar in Form einer Genossenschaft. Inzwischen ist dieser Ort Treffpunkt für alle. Angefangen mit den Kindergarten- und Schulkindern, die hier zu Mittag essen, bis hin zu Oma Käthes Strick-Kaffeekränzchen. Beliefert wird der kleine, aber moderne Laden mit dem sympathischen Tante-Emma-Charme täglich frisch. Dazu wird eine große Auswahl regionaler Produkte von „Ebbes von hei" angeboten. Neben dem Sortiment ausgewählter Waren für den täglichen Bedarf gibt es immer frische Back-, Fleisch- und Wurstwaren sowie einen Getränkemarkt mit Lieferservice.

Mit der Umsetzung des Bürgerzentrums ist es der engagierten Gemeinde gelungen, die seit Jahren bestehende Unterversorgung mit Lebensmitteln zu beenden und zugleich eine attraktive Begegnungsstätte für alle Generationen im Dorf zu schaffen. Da kommt man gerne wieder.

Unser Dorfladen Mandern, Schulstraße 1, 54429 Mandern, Tel. (0 65 89) 9 18 81 90
www.dorfladen-mandern.jimdofree.com
ÖPNV: Bus 33, Haltestelle Kirche Mandern

Jesus im Gewand

32 *Der „Hunsrückdom“ von Ravengiersburg*

Ganz oben auf einem Felssockel trohnt die Sankt Christopherus Kirche mit ihrer mächtigen Doppelturmfassade – im Volksmund liebevoll „Hunsrückdom“ genannt. Friedlich wacht sie auf einem vom Simmerbach umflossenen Schieferfelsen über Ravengiersburg. Wenn die Sonne zwischen den Rautendächern der Zwillingstürme blitzt, fügt sich das alte Gemäuer, wie mit Silberguss überzogen, in das tiefe Dunkelgrün des Soonwaldes und lädt zum Näherkommen ein. Steht man an der Fassade der beiden 42 Meter hohen Türme, so kann man nur staunend innehalten und sich dem Zauber der feierlichen Bewunderung hingeben. An der Vorderwand des Südturms sticht sofort ein bemerkenswertes Detail ins Auge: Die Christus-Figur am Kreuze ist anders als sonst: Christus trägt eine Königskrone, die Füße sind auf einen Drachen gestützt, und die ganze Gestalt ist in ein Gewand gehüllt. Vor seiner Kreuzigung trug Jesus allen Evangelien zufolge ein Gewand. Der Legende nach soll die Mutter Konstantin des Großen, die Heilige Helena, den Rock Jesu nach Trier gebracht haben, wo er heute noch während der „Heilig-Rock-Tage“ zu besichtigen ist. Eintreten in den Dom lohnt sich allemal, denn im Inneren entfaltet die Kirche ihre ganze Pracht. Alle Epochen der Baugeschichte scheinen sich hier zu einem ganz besonderen Stelldichein versammelt zu haben, um bedeutsame Spuren zu hinterlassen. Der mächtige barocke Hochaltar mit seinem lebensgroßen Christus am Kreuz, die prachtvolle Orgel, die schmalen Gänge und steilen Stufen des angrenzenden Augustiner-Klosters, der Glockenturm und der Klostergarten mit seinem pittoresken Brunnenhäuschen sowie die einzigartige Akustik im alten Gemäuer ließen sich leicht in ein weiteres Kapitel schreiben.

TIPP Im Kloster werden Mal- oder Kalligrafiekurse angeboten. Info: www.kunstimlicht.de

Auch wenn heute kein Klosterleben mehr im Hunsrückdom stattfindet, so ist mit dem Künstler Andreas d'Orfey wieder neues Leben eingezogen. Er gibt Malkurse, kümmert sich um den Dom und betreibt dort sein Atelier. Und wenn man Glück hat, erlebt man mit ihm den Dom von seiner schönsten Seite.

Hunsrückdom, Hauptstraße 29, 55471 Ravengiersburg
www.hunsruecker-dombauverein.de
ÖPNV: Bus 643, Haltestelle Ravengiersburg Brücke

VOS MEI
AMI ES
CI TIS

Meditieren mit Lamas

33 *Wandererlebnis mit Hunsrück-Lamas der Villa Autland*

Wandern kennt jeder, aber Wandern mit einem Lama? Oder mit einem Alpaka? Ja, so was gibt es mit den Lamas und Alpakas der Villa Autland in Seibersbach. Bei einer einzigartigen Führung mit einer Mischung aus Meditation und Natur wird das zu einem unvergesslichen Erlebnis. Jeder Teilnehmer führt dabei ein Tier an der Leine. Eine solche Wanderung ist perfekt für Menschen, die sich nach Ruhe sehnen und den inneren Frieden finden wollen. Das stille Laufen mit den Göttertieren der Inkas hat einen meditativen, befreienden Charakter. Wenn diese stolzen und anmutigen Tiere einen Menschen so anschauen, scheinen sie bis tief in die Seele blicken zu können. Mit den Lamajungs Diamond Fire, Amico, Mica, Salute und Bonito geht es raus in die Natur – viele kleine Glücksmomente inklusive. Man muss sich auf den sanften Rhythmus der Lamas und Alpakas einlassen und deren beruhigende Ausstrahlung wirken lassen. Schnell ist der Alltag vergessen, und man kommt innerlich zur Ruhe. Bei einer geführten Wanderung mit der zertifizierten Mentaltrainerin Petra Buss geht es abseits ausgetretener Touristenpfade durch Wald und Wiesen. In der Stille hilft Petra Buss den Teilnehmern mit verschiedenen Textimpulsen, Achtsamkeits- und Mentalübungen, den Blick auf unser Inneres zu richten und die Seele mit einzubeziehen. Mit etwas Glück begegnet man sogar frei lebenden Rehen, Hasen, Füchsen, Graugänsen, Reihern oder großen Greifvögeln. Wandern an der frischen Luft durch die Natur macht frei, das dürfte selbst einem noch so hartgesottenen Couch-Patatoe einleuchten. Das Glück ist das Einzige, das sich verdoppelt, wenn man es teilt. Das gilt ganz besonders gemeinsam mit einem kuscheligen braunen, weißen oder schwarzen Begleiter mit den sanftesten Augen der Welt. Touren mit den Tieren werden nicht nur im Sommer angeboten. Es gibt auch wunderbare Wanderungen durch eine märchenhaft verschneite Schneelandschaft. Glühwein und heiße Gulaschsuppe mit frischem Bauernbrot eingeschlossen. Wenn das nicht glücklich macht!

Hunsrück Lamas „Villa Autland", Autishof
www.hunsrueck-lamas.de
ÖPNV: Bus 232, Haltestelle „Seibersbach Autishof", 15 Minuten Fußweg

Film ab!

34 *Café Heimat in Morbach*

Im „Café Heimat" im Herzen von Morbach schließt sich der Kreis um die gleichnamige Trilogie, die weit über die Regionen des Hunsrück hinaus für Aufsehen sorgte. Hier in dem schön restaurierten Haus erblickte Edgar Reitz im Jahre 1932 das Licht der Welt. Der Sohn eines Uhrmachers ging in Simmern aufs Gymnasium. Doch das Leben in der Provinz behagte dem jungen und vielseitig begabten und sensiblen Abiturienten überhaupt nicht. Er verließ die Enge seines Heimatortes und zog hinaus in die weite Welt – oder genauer gesagt, nach München, wo er auch heute noch lebt. Ende der 1970er-Jahre kehrte er dann als Filmemacher in den Hunsrück zurück. Fast 60 Stunden Film umfasst die Filmreihe „Heimat" inzwischen – für Reitz ein Lebenswerk.
Zusammen mit dem Auswanderer-Drama „Die andere Heimat" setzte Reitz dem Hunsrück ein Kino-Denkmal und sorgt für internationale Beachtung. Seine eigene Geschichte und die seiner Familie bilden den Grundstock zur Heimat-Trilogie. Aus seinem Elternhaus wurde 2013 ein Café, das gleichzeitig auch ein Museum ist. Überall erinnern großformatige Fotos an die Hauptdarsteller des Jahrhundertepos – einer Geschichte voller Sehnsucht. Hier steht auch die Schreibmaschine, auf der Edgar Reitz seine frühen Drehbücher schrieb, und im ersten Stock gibt es neben den Original-Drehbüchern, Bildergalerien und Filmrequisiten ein „Selbstbedienungskino", in dem Filmszenen abrufbar sind.
Das Café mitten auf dem Marktplatz ist gemütlich und mit viel Liebe zum Detail eingerichtet. Der Kaffee ist super lecker, der Kuchen selbst gemacht und das Servicepersonal sehr freundlich. Seit 2019 ist das Reitz-Haus um eine weitere Attraktion reicher. Dort, wo einst eine Garage stand, steht nun das Kino Heimat. Mit rund 30 Plätzen auf 40 Quadratmetern ist es das kleinste Kino in Rheinland-Pfalz. Um es mit den Worten von Edgar Reitz zu sagen: „Man kann Heimat nicht einfach vorfinden. Man muss sie wie die Liebe und alle anderen menschlichen Werte erwerben." Und das macht glücklich.

Café Heimat Morbach, Biergasse 5, 54497 Morbach, Tel. (0 65 33) 9 58 82 03
www.cafe-heimat-morbach.de
ÖPNV: Bus 311, 314, 329, Haltestelle Morbach

Von Dichtung & Heimat

35 *Das Günderodehaus in Oberwesel*

Gemütlich hinsetzen und den Blick über den Rhein schweifen lassen. Ein Stück Kirschstreusel in der einen und eine heiße Tasse Kaffee in der anderen Hand. Unten zieht gemächlich ein Touristenschiff vorbei. Und gleich vorne auf der Terrasse ist noch ein Plätzchen frei. Zum Glück! Wenn man die Serpentinenstraße durch die Weinberge überwunden hat, liegt es direkt vor einem: das Günderodehaus, benannt nach der Dichterin Karolin von Günderode (1780–1806). Es liegt mitten in den Weinbergen am Ufer des Rheins. Die Schriftstellerin soll sich vor rund 200 Jahren gemäß filmischer Poesie in diesem traumhaft gelegenen Häuschen mit ihrem Geliebten getroffen haben. Das bezaubernde Häuser-Ensemble aus altem Fachwerk und einer imposanten alten Kastanie hat es in der Form an dieser Stelle hoch oben über dem Rhein so nie gegeben und entstammt der Idee von Edgar Reitz.

Für seine Heimat-Trilogie um die Hunsrücker Familie Simon ließ der Filmemacher eine windschiefe und baufällige Hausruine aus einem kleinen Dorf in der Nähe von Bad Kreuznach Stein für Stein abtragen und oberhalb von Oberwesel für die Dreharbeiten wieder aufbauen. Im Film finden die Titelfiguren Hermann Simon und Clarissa im Günderodehaus nach Jahren der Trennung endlich ein gemeinsames Zuhause. „Alle meine verschütteten Sehnsüchte nach Liebe und Geborgenheit wurden geweckt“, sagt Clarissa im Film beim Anblick des alten Hauses, in das sie sich sofort verliebt habe.

TIPP

Besonders lecker schmeckt Spätburgunder Waldbeergrütze mit Vanilleeis und Sahne.

Das historische Filmhaus lockt vor allem in der warmen Jahreszeit als kulturelle und literarische Stätte viele Besucher an. Heute kommen vor allem in der warmen Jahreszeit zahlreiche Gäste zu dieser kulturell-literarischen Stätte. Beim Genuss lokaler Köstlichkeiten lässt sich ganz wunderbar nachdenken und träumen über Dichtung und Wahrheit, von der Günderode, Hermann und Clarissa und von früher. Heimatgefühl genießen – ein Glücksabenteuer für die Seele.

Günderodehaus, Siebenjungfrauenblick, 55430 Oberwesel, Tel. (0 67 44) 71 40 11
www.guenderodefilmhaus.de
ÖPNV: Zug RB 26, RB 33, RE 3, Haltestelle Günderodehaus Oberwesel

Bloß nicht runterschauen

36 *Die Hängeseilbrücke Geierlay*

Die Brücke ist wirklich nichts für Menschen mit Höhenangst oder gerade doch, denn vielleicht lässt sich auf ihr die Angst überwinden, was dann wiederum ein großes Glück wäre. Schon beim ersten Schritt auf die Holzbohlen der „Geierlay" wackelt und kribbelt es spürbar unter den Füßen. 360 Meter lang ist Deutschlands wohl spektakulärste Hängebrücke, die sich in einem sanften Bogen aus Stahlseilen und Holz über das fast 100 Meter tiefe Tal zwischen Mörsdorf und Sosberg schwingt. Auch wenn es unterwegs zuweilen an eine Seefahrt erinnert, lohnt sich die Überquerung auf jeden Fall. Mutige werden mit einer Traumaussicht belohnt: rundum das Grün des Mischwaldes, der sich im Herbst in den schönsten Naturfarben präsentiert, während unten der Mörsdorfer Bach plätschert. Angst haben muss man, rationell betrachtet, auch nicht, denn nach Angaben seiner Erbauer trotzt die Brücke Windstärken von bis zu 200 Stundenkilometern.

Die Geierlay liegt gemäß einer Umfrage der Deutschen Zentrale für Tourismus mit rund 40.000 Besuchern aus 66 Ländern auf Platz 85 der 100 beliebtesten Reiseziele Deutschlands. Aus aller Herren Länder reisen Menschen an, um einmal über die Geierlay zu gehen oder zumindest einen Blick auf das wundervolle Tal zu erhaschen. Einige kehren mit leichter Blässe im Gesicht um, anderen kommen zurück und strahlen über das ganze Gesicht. Ein Geheimtipp ist die Hängeseilbrücke allerdings nicht mehr, denn bei gutem Ausflugswetter sind viele Wanderer und „Brückenerklimmer" unterwegs – oftmals nur, um ein Foto für die Ewigkeit zu schießen – wenige Meter auf der Brücke mit dem Abgrund im Nacken. Die Brücke wurde im Jahre 2015 erbaut. Bevor sie da war, sagten sich an dieser Stelle Hase und Igel gute Nacht, und man begegnete kaum einer Menschenseele. Inzwischen hat sich der Ort auf Tourismus eingestellt. Gasthäuser und Wurstbuden machen ebenso gute Geschäfte wie die kostenpflichtigen Parkplätze am Besucherzentrum in Mörsdorf.

TIPP **Parken am Gemeindehaus in Sosberg und dann knapp zwei Kilometer zu Fuß zur Geierlay.**

Besucherzentrum Geierlay, Kastellauner Straße 23, 56290 Mörsdorf
www.geierlay.de
ÖPNV: Bus 742, Haltestelle Mörsdorf, Treiser Straße

Zum Frühstück ins Flugzeug

37 *Das Flugzeugmuseum in Hermeskeil*

Wer die Faszination des Fliegens erleben will, muss sie einfach einmal im Leben besucht haben, die europaweit einzige private Flugausstellung vor den Toren von Hermeskeil. Hier gibt es rund 120 imposante Flugobjekte zu bestaunen. Bis auf wenige Ausnahmen handelt es sich um ausrangierte Originalflugzeuge, die in diesem Museum ihren wohlverdienten Ruhestand genießen dürfen.

Die Philosophie der Ausstellungsleitung ist es, eine flugtechnische Schau zu präsentieren, die es ermöglicht, dem Besucher einen Einblick in den weit gespannten Bereich der Luftfahrttechnik zu vermitteln. Auf einer Ausstellungsfläche von rund 80.000 Quadratmetern gibt es alles, was das Herz eines Flugzeugliebhabers höherschlagen lässt: Vom Bleriot über Kampfjets bis hin zum vierstrahligen Verkehrsflugzeug ist hier alles zu sehen. Von der Präsidentenmaschine Konrad Adenauers, einer Concorde Super-Constellation, über den Luxusflieger des Scheichs von Abu Dhabi bis hin zum Mi6, dem weltweit größten Hubschrauber der Welt. Hinzu kommt eine ganze Armada an Zubehörteilen: Motoren, Triebwerke, Anzüge, Helme, Tragflächenteile, spezielle Werkzeuge und dazu passend eine geballte Ladung an Wissen um die Geschichte der Luftfahrt – von den Anfängen bis zur Gegenwart.

Eine Attraktion ist ein originalgetreuer Nachbau des berühmtesten zivilen Überschallflugzeugs der Welt: eine Concorde. In ihrem Inneren befindet sich das Café der Flugausstellung mit 150 Sitzplätzen. Hier findet man bei Kaffee und Kuchen oder einem Erfrischungsgetränk einen wunderbaren Abschluss des Ausstellungsbesuchs und kann alles Gesehene nochmals ganz in Ruhe in Gedanken Revue passieren lassen. Dass das private Flugzeugmuseum eines Tages zum größten Europas werden würde, das habe laut Inhaber Peter Junior so niemand vorausgesehen, und die Idee für das Museum wurde eher als „Schnapsidee“ abgetan. Es ist schon ein Glück für die Region, dass sich der Gründer Leo Junior 1973 von der Museumseröffnung nicht hat abbringen lassen.

Flugausstellung P. Junior, B327, 54411 Hermeskeil
www.flugausstellung.de
Anfahrt: von der Hunsrückhöhenstraße B 327 in Richtung Morbach den Schildern folgen
ÖPNV: Bus 209, 210, Haltestelle Abtei

Alles außer Drachenblut

38 *Burg Dhronecken – eine Burg für Romantiker*

Wenn man von der Hunsrückhöhenstraße abbiegt und einen ersten Blick auf das Tal erhascht, fühlt man sich magisch angezogen von dem kleinen idyllischen Örtchen im Dhrontal zwischen Beuren und Thalfang. Augen und Geist erfreuen sich an diesem Ort, der wie kaum ein anderer dazu einlädt, der Hektik des Alltags zu entfliehen und einzutauchen in die Welt der Träume und Märchen. Genau so präsentiert sich die kleine Gemeinde Dhronecken mit dem Wasserturm, dem alten Bahnhof und einem Naturerlebnisspielplatz mit Alleinstellungscharakter. Eine Steinrutsche führt hinunter zu Schaukel und Kletterhaus. Über eine Hängebrücke und einen Steg geht es zu einem Biotop mit Trittsteinen. Ein Amphitheater rundet die Idylle ab und verleiht der Anlage mittelalterliches Flair. Hier befindet sich auch die alte Burg Dhronecken. Früher soll dort der Nibelungen-Bösewicht Hagen von Tronje sein Unwesen getrieben haben. Bekannt ist der Sagenheld als erfahrener, listiger und skrupelloser Gegenspieler von Siegfried. Hagen wusste Bescheid über Siegfrieds Drachenkampf und sein Bad in dessen Blut, das ihn unverletzlich machte.

TIPP

Wanderung mit Hagens Magd Nemesia alias Wanderführerin Petra Schmitt. info@hunsrueckhaus.de

Der Hunsrück mit seinen dichten Wäldern rund um den Erbeskopf ist ein vorzüglicher Nährboden für Sagen und Heldengeschichten. Kein Wunder also, dass viele Heimatforscher einen der zentralen Schauplätze des mittelalterlichen Nibelungenliedes in dieser urwüchsigen Gegend vermuten. Der Sage nach soll Hagen von Tronje den edlen Helden Siegfried auf Geheiß der nordischen Königin Brünhild erschlagen haben. Tatsächlich gilt Burg Dhronecken als möglicher Stammsitz von Hagen von Tronje. Erstmals urkundlich erwähnt wurde der Ort 1297 durch die Namensnennung des Ritters Conrad von Tronecken. Die Burg selbst erscheint erst zwölf Jahre später in einigen Dokumenten. Heute dient sie eher als malerische Kulisse für Fotoshootings. Ein wunderbarer Ort der Ruhe und der Nostalgie, der Kindheitserinnerungen zurückbringt.

Burg Dhronecken, Auf der Burg 1, 54426 Dhronecken
Anreise: von der Hunsrückhohenstraße B 327 Richtung Thalfang links ab nach Dhronecken
ÖPNV: Bus 210, Haltestelle Dhronecken

Welt der Feen & Zwerge

39 *Im Gewölbekeller der Alten Mühle in Kell am See*

„Gina – La Biblioteca de la imaGINAción", heißt es auf dem Schild am Seiteneingang der Alten Mühle in Kell am See. Und sobald sich die kleine hölzerne Tür öffnet, taucht man in die wundersame Welt der Fantasie und der Kinderträume ein. Kuschelecken, liebevoll mit selbst genähten Fliegenpilzkissen aus Plüsch dekoriert, Zauberbäume, Feen- und Prinzessinnenkleider, Bücher in allen Sprachen und überall traumhaft gestaltete Lichter verwandeln die beiden Stockwerke der Bibliothek in eine Märchenlandschaft.

Mit Kindern wollte die ausgebildete Heilerzieherin auch in ihrer neuen Heimat arbeiten – und tut dies jetzt schon seit rund 20 Jahren sehr erfolgreich. Montse oder Fee Gina, wie die Kinder sie liebevoll nennen, ist in Spanien eine bekannte Kinderbuchautorin und unterrichtet auch von Zeit zu Zeit an der Universität von Barcelona, denn sie hat ein außergewöhnliches Konzept bei ihrer Arbeit: Sie lässt die Ideen von Kindern direkt in ihre Bücher einfließen und fasst die Werke in einer Kinderbibliothek zusammen. Vor einer zauberhaften Traumkulisse wird gemeinsam gebastelt, gemalt, oder es werden Geschichten in Deutsch, Englisch und Spanisch erzählt, es wird gesungen und getanzt. Mit ganz viel Liebe zum Detail hat Monserrat Fonts Salas das Reich der Kinder eingerichtet. In einem Gewölbekeller der Biblioteca lebt auch der kleine Zwerg Edom. Eine Tür, wie man sie aus Weinkellern kennt, führt in den kleinen Gewölbekeller, der nicht höher ist, als ein Kind groß ist. Dort wohnt ein Zwerg. Ein Blick durch den Türspalt offenbart ein kleines Fantasiereich mit kleinem Bett, einem Ofen, Sitzbänken, Töpfen, kleinen Büchern und mehr. Und mittendrin gibt es einen beleuchteten Weihnachtsbaum, der jedoch keine Tannennadeln mehr besitzt. In dem niedrigen Gewölbe erzählt die Fee dann den Kindern die geheimnisvolle Geschichte vom Zwerg, der dort unten lebt – und verbreitet dabei auf ihre ganz eigene Art und Weise Mystik und Geheimnisvolles. Ein echter Glücksort, nicht nur für Kinder.

TIPP Fee Gina schreibt Kinderbücher und organisiert Kindergeburtstage in der Mühle.

Ginas Bibliothek, Alte Mühle, Wiesplätzchen, 54427 Kell am See, Tel. (01 73) 4 51 50 68

ÖPNV: Bus 33, Haltestelle Bahnhofstraße

Ein Lied für Kaiser Napoleon

40 *Das Eiscafé Torino in Kirchberg*

Superleckeres Eis aus eigener Herstellung, einen wunderbaren Blick auf die vielen denkmalgeschützten Häuser rund um den prachtvollen Marktplatz und eine Sandsteinbank, auf der 1804 kein Geringerer als Napoleon Bonaparte gesessen haben soll. Das ist die Antwort, warum man das Eiscafé Torino am wunderschönen Marktplatz von Kirchberg unbedingt besuchen sollte. Die Steinbank stammt noch aus der Erbauungszeit des Hauses Ende des 17. Jahrhunderts. Eine typische barocke Sandsteinarbeit mit den für den Baustil typischen abgerundeten Pilastern, auf denen die Bank aufliegt. Die alten Mauern des heutigen Eiscafés Torino haben eine lange Geschichte. Das Gebäude gehört zu den wohl ältesten Gasthäusern im Rhein-Hunsrück-Kreis.

Der Überlieferung nach besuchte im November 1804 Kaiser Napoleon Bonaparte die linksrheinischen Gebiete, die nach dem Frieden von Luneville 1801 ganz an Frankreich fielen. Die Bewohner des Hunsrücks waren dadurch französische Staatsbürger mit allen Rechten, aber auch Pflichten. Kirchberg als Sitz eines Kantons (etwa in Größe der heutigen Verbandsgemeinde) stand auch auf dem Besuchsprogramm von Napoleons Reise auf der „Via Ausonia" über den Hunsrück. Da er als ehemaliger Soldat nicht gerade zimperlich bei der Sitzwahl war, soll er auf dieser Steinbank Platz genommen haben. Jedoch sollen für den hohen Gast nur drei Musiker aufzutreiben gewesen sein, die auch lediglich ein einziges Stück spielen konnten. Napoleon gefiel das Lied – zumindest bis sein Adjutant General Rapp, der des Deutschen mächtig war, den Titel übersetzte. Das Musikstück hieß „Du bist der beste Bruder auch nicht", was den Kaiser stark verstimmte und worauf er unverzüglich Kirchberg verlassen hat. Heute erinnert nur noch die Sandsteinbank an die Geschehnisse von einst. Und bei einem leckeren Eis lässt sich ganz wunderbar sinnieren über Napoleon und wie es wäre, wenn der Hunsrück noch immer französisch wäre. Vielleicht hätten wir dann mehr Zeit? Leben wie Gott in Frankreich. Quelle belle Idée!

Eiscafé Torino, Marktplatz 11, 55481 Kirchberg, Tel. (0 67 63) 72 98

ÖPNV: Bus 605, Haltestelle Kappeler Straße

Eiscafe Torino
Eiscafe
Bistro

Der Mutter zu Ehren

41 *Bildstock zu Ehren der Gottesmutter*

Mitten im Wald in der Nähe des Schillinger Sees befindet sich eine kleine Kapelle. Dorthin gelangt man nur zu Fuß über einen geschlängelten Pfad vom Parkplatz der Freizeitanlage aus. Doch der Weg lohnt sich, denn die Fatima-Kapelle ist ein ganz besonderer Ort der Ruhe und der Einkehr. Das spürt man schon beim Eintreten. Die Tür der kleinen Marienkapelle ist immer offen. Ein wenig scheu steht es da, das pittoreske Gemäuer mit seinem rustikalen Charme.

Ob nun tief gläubig oder nicht, es tut gut, in der Kapelle Platz zu nehmen. Innehalten. Durchatmen. Schnell wird der Puls langsamer. Die vielen Tafeln an den Wänden in der Kapelle und auch außerhalb an der Mauer machen nachdenklich. Was mag den Menschen, die mit den Schildern Maria für ihre Hilfe danken, wohl widerfahren sein? War es ein krankes Kind? Oder der Partner, dessen Leben vielleicht auf der Kippe stand und für den das Schicksal sich dann doch wieder zum Guten wendete? Was auch immer geschehen ist, für diese Menschen war es die Muttergottes, die geholfen hat. So ähnlich könnte es auch der verwitwete Landwirt Johann Werner empfunden haben. In den Jahren 1931/32 baute er außerhalb des Dorfes einen Bildstock zu Ehren Mariens. Zu jener Zeit hatten Arbeitslosigkeit, Armut und Not die Menschen im Hochwald in ein tiefes Chaos gestürzt. Viele waren verzweifelt und suchten einen Ort der Hoffnung. Immer mehr Männer des Dorfes gesellten sich zum Beten zu Johann Werner. Als dieser starb, behielten die Dorfbewohner das Rosenkranzgebet bei. Anstelle des Bildstocks bauten sie eine Steingrotte. Diese krönten sie 1936 mit einer Marienstatue aus der portugiesischen Pilgerstätte Fatima. Nach Ende des Zweiten Weltkriegs wurde vor der Grotte die heutige Kapelle errichtet. Seit 1971 gehört sie zur ansässigen Kirchengemeinde und bietet einen Ort zum Nachdenken und Innehalten.

TIPP Die Freizeitanlage in Schillingen ist ein wunderschönes Ausflugsziel für die ganze Familie.

Fatima-Kapelle, Am Freizeitzentrum 1, 54429 Schillingen
Anfahrt: von der Hunsrückhöhenstraße auf die B407 und L143 nach Schillingen
ÖPNV: Bus 33, Haltestelle Hauptstraße

MARIA HAT GEHOLFEN
Danke
DANK DER LB. GOTTESMUTTER
MARIA HAT GEHOLFEN DANKE
Maria hat geholfen
MAI 1990 DANKE MARIA
Dank der lb. Gottesmutter
DANKE 1998

Ein Bollwerk im Wald

42 *Der Keltische Ringwall Otzenhausen*

Endlos scheinende Waldgebiete, wildromantische Bachläufe, bizarre Felslandschaften und grüne Wiesen machen die Region um den Hunnenring zu einem verlockenden Wandergebiet. Neben einer vielfältigen Tier- und Pflanzenwelt überraschen Zeugnisse einer jahrtausendealten Geschichte. Auf Schritt und Tritt öffnet sich eine geologische Schatzkiste. Überall zeigt sich eine reiche kulturelle Vergangenheit. Gerade so, als wolle sie etwas verbergen, verdeckt die Urwüchsigkeit des Waldes den Ringwall. Im Gehölz knarrt es geheimnisvoll. Ein Specht hämmert leise vor sich hin. Der Pfad schlängelt sich voran durchs dichte Grün. Dann erst wird es sichtbar: ein zwölf Meter hohes steinernes Bollwerk mitten im Wald. „Hunnenring" nennen es die Einheimischen. Doch tatsächlich zeugt es von Zeiten, als sich die Kelten gegen Julius Cäsar und seine römische Streitmacht zur Wehr setzten. Das war vor über 2000 Jahren, doch immer noch lässt sich die raue Wildheit dieser Epoche erahnen. Nachdem die gut zwölf Höhenmeter über die felsige Treppe zum höchsten Punkt des Walls erklommen sind, erschließt sich dem Betrachter die volle Schönheit des Hochwalds – von tiefem Tannengrün bis zu Kaki-, Gelb- und Olivtönen präsentiert sich die Landschaft am Fuße des Walls. Die Natur des Waldes offenbart sich in ihrer schönsten Pracht. Der Keltische Ringwall ist eines der vier Tore zum Nationalpark Hunsrück-Hochwald. Kaum einer weiß, dass der „Hunnenring" eigentlich eine keltische Burganlage war, und zwar die größte keltische Festungsanlage in Mitteleuropa. Ihre Mauern erreichten an der Nordflanke die Höhe eines achtstöckigen Gebäudes. Mit einer Länge von 2,5 Kilometern ist sie die größte manuell errichtete Wallanlage Europas. Die Festungsmauer ist so konstruiert, dass waagerechte Holzbalken, mit Eisennägeln verbunden, das Gerippe darstellen. Es handelt sich dabei um die erste nachweisliche Verwendung von metallischen Gegenständen im vorgeschichtlichen Festungsbau.

Keltenpark Otzenhausen, Hunnenringweg, 66620 Nonnweiler
www.keltenpark-otzenhausen.de

Anreise: ab dem Keltenpark an der L 147 in Otzenhausen Fußweg laut Beschilderung zum Hunnenring

Zeit des Hexenwahns

43 *Schönes Kleinod Burg Grimburg*

Grimmig wirkt sie nicht, die Burg Grimburg, eher einem Märchen entsprungen. Sanft und unschuldig fügt sie sich in die hügelige Wald- und Wiesenlandschaft des Hochwalds. Trotz des friedlichen Scheins umweht die Festung eine dunkle Vergangenheit, denn die Zeit um 1600 war in ganz Mitteleuropa von der Hexenverfolgung geprägt – auch auf der Burg Grimburg. Vom Ort aus schlängelt sich ein Serpentinenweg durch das dichte und dunkle Grün des Waldes. Am Ziel angekommen, wirkt der Turm der Burg noch höher und mächtiger. An fünf Meter hohen Mauern vorbei betritt man den Vorhof der Burg. Jetzt wird das ganze Ausmaß einer der weitläufigsten aller Burgen in Kurtrier offenkundig. Über eine Brücke geht es zum Bergfried, dem Hauptturm der Burg. Im hölzernen Treppenhaus ist es dunkel. Es geht hinauf über enge, knarrende Treppen. Im obersten Stockwerk des Turmes erhascht man durch die schmalen Schießscharten einen atemberaubenden Blick über den Wald. Wenn man sich den Plan der ehemaligen Festung im Schaukasten an der Burgmauer genau angesehen hat, dann erkennt man die Umrisse der Kapelle und das quadratische Fundament des ehemaligen Glockenturms. Am Fuße der Treppe fällt ein rechteckiges Gitter auf. Hier soll einst das Gefängnis gewesen sein. Wer mehr über die Geschichte der Burg und die Zeit der Hexenverfolgung im Hunsrück erfahren möchte, kann das Hexenmuseum im Ort Grimburg besuchen.

TIPP Ein besonderes Erlebnis ist das Übernachten im Turm, das der Förderverein Burg Grimburg anbietet.

Von Hexen, Tod und Teufel ist heute nichts mehr zu spüren. Das alte Gemäuer inmitten der grünen Wälder offenbart sich als schönes Kleinod der Gegenwart und als beliebter Treffpunkt für Liebende. Zeugnis darüber gibt eine ganze Schar an Liebesschlössern, die an einem dafür vorgesehenen Platz am Gemäuer der Burg befestigt sind. Heute ist die Burg so romantisch, dass viele Paare dort heiraten und rauschende Feste feiern. Über 400 Jahre nach den Hexenverfolgungen zeigt sich die Burg nur noch von ihrer schönsten Seite.

- **Burg Grimburg, 54413 Grimburg**
  www.burg-grimburg.de
- **Anfahrt: vom Besucherparkplatz 15 Min. Fußweg**
- **ÖPNV: Bus 216, Haltestelle Ortsmitte**

Verliebt in dieselbe Frau

44 *Die Felsenkirche von Idar-Oberstein*

Stolz und stark erhebt sich das strahlend weiße Bauwerk wie eine Enklave aus dem Felsen. Gebaut in eine 70 Meter hohe Steilwand ist sie das Wahrzeichen von Idar-Oberstein – die Felsenkirche. Über alles erhaben scheint sie sich auf ewig mit dem Berg verbunden zu haben. Der außergewöhnliche gotische Sakralbau thront hoch über der Altstadt Obersteins in einer natürlichen Felsnische. Erbaut wurde er zwischen 1482 und 1484 auf den Fundamenten einer alten Wehrmauer. Im Inneren warten echte Kostbarkeiten auf staunende Besucher. Auf goldenem Grund breitet der Altar direkt unter der schroffen Felswand ein Panorama rund um die Kreuzigung aus. Drastisch zeigt der Maler, wie die böse Seele des Schächters vom Teufel geholt wird, während der Gute auf Vergebung hoffen kann.

Das Gemälde ist seit vielen Jahrhunderten trotz des eher schlechten feuchten Klimas beständig und gut erhalten. Entstanden ist das kostbare Gemälde wahrscheinlich um 1400. Im Bereich der nördlichen Felswand sprudelt sogar Wasser aus einer Quelle im Kirchenraum. Alten Überlieferungen nach ist die Quelle das Zeichen der Vergebung, denn um den Bau ranken sich viele Legenden. Eine davon erzählt von den Brüdern Wyrich und Emich von Daun-Oberstein, die in dieselbe Frau verliebt waren: Berta von der Lichtenburg entschied sich jedoch für den sanftmütigeren Emich, woraufhin der Verschmähte seinen Bruder aus dem Fenster gestoßen haben soll. Später baute er als Sühne die Kirche.

Was würden diese Gemäuer wohl erzählen, wenn sie reden könnten? Auf der Suche nach Beständigkeit und Ewigkeit ist das Gotteshaus auch heute noch Sehnsuchtsort für Hochzeitspaare aus ganz Deutschland. Jedoch einfach mit einer Pferdekutsche vorfahren, geht nicht. Vom Marktplatz muss man durch einen Tunnel die rund 50 Treppenstufen den Felsen hinauf zur Kirche. Auf der Aussichtsplattform angekommen, reicht der Blick ins Nahetal. Wahrlich einzigartig, diese Kirche.

Felsenkirche, Kirchweg 3, 55743 Idar-Oberstein
www.felsenkirche-oberstein.de
ÖPNV: Bus 343, Haltestelle Bhf. Idar-Oberstein

Gute-Laune-Café

45 *Konditorei Café Hähn in Boppard*

An dieser Glasvitrine läuft einem das Wasser im Munde zusammen, so lecker drapiert laden Kuchen, Torten und allerlei Gebäck zum Schlemmen ein. Klar geht derlei Süßkram direkt vom Mund auf die Hüfte. Aber manchmal muss man sich auch selbst belohnen. Und bei einem Boppard-Besuch sollte man der charmanten Konditorei im Herzen der Altstadt unbedingt einen Besuch abstatten.
Das gemütliche Café inmitten der Fußgängerzone strahlt im Vintage-Ambiente und lebt von hausgemachten Kuchen nach alten Rezepten wie bei Mutti – völlig ohne Chemie. Weder Backpulver noch Sahnesteif kommen hier zum Einsatz, das garantiert Chefin Heike Hähn, die man gleich ins Herz schließen muss, weil sie so freundlich und lustig ist. Immer einen flotten Spruch auf der Lippe, verbreitet der blonde Wirbelwind überall gute Laune. Ebenso charmant wie die Chefin ist das Interieur: Kronleuchter, antike Schilder, eine Uraltküchenwaage, Kaffeemühlen und ein historischer Ofen versprühen den morbiden Reiz der Nostalgie. Die Wände des Cafés zieren Fotos des Traditionsunternehmens im Laufe seiner Geschichte. Und mittendrin das Foto vom Seniorchef Oswald Hähn, der 50 Jahre lang gemeinsam mit seiner Frau Lieselotte die Kaffeehauskultur in der Tourismus-Hochburg am Mittelrhein bereicherte. Tochter Heike setzt gemeinsam mit ihrem Bruder Dirk diese liebe Tradition fort. Dank freiem WLAN lässt sich hier auch ganz hervorragend arbeiten. Und wer lieber unter dem Sonnenhimmel der gut besuchten Fußgängerzone eine kleine Kaffeepause machen möchte, für den steht vor dem Café eine lauschige Terrasse bereit. Hier kann man den Stadtbesuchern beim Vorbeischlendern zusehen, einen Latte Macchiato und ein Stück frischen Erdbeerkuchen mit reichlich Sahne genießen – ein Traum! Und außerdem: Kuchen macht nicht dick, er zieht nur die Falten glatt!

TIPP Planen Sie einen Ausflug mit der Sesselbahn Boppard-Mühltal ein.

Konditorei Café Hähn, Oberstraße 133, 56154 Boppard, Tel. (0 67 42) 25 34
www.konditorei-cafe-haehn.eatbu.com
ÖPNV: Zug IC, RB26, RE, Haltestelle Bhf. Boppard

Eis Kaffee
FREE Wi Fi

Einmal Bauch kraulen, bitte

46 *Buddha-Museum Traben-Trarbach*

Wenn das Reiben am Bauch einer Buddha-Figur tatsächlich Glück und Wohlstand bringt, dann muss das Budda-Museum in Traben-Trarbach ein wahres Mekka des Glücks sein. Rund 2000 Buddha-Skulpturen aus verschiedenen Epochen präsentieren sich auf rund 4000 Quadratmetern – Traumdachgarten inbegriffen! Den Grundstein zu dieser einzigartigen privaten Sammlung legte 2009 Wolfgang Preuß im stimmungsvollen Ambiente des im Jugendstil erbauten Hauses der Weinkellerei Julius-Kayser. Buddha ist hier allgegenwärtig. Mal im Sitzen, mal im Stehen, aber immer in aufrechter Haltung mit geradem Rücken. Und immer zeigt sich der „Mann" aus dem Land des Lächelns voller Güte, voller Frieden.

Ein Besuch im Buddha-Museum hat auch für Nichtbuddhisten etwas Glückseliges. Die vielen kleinen Räume mit den zahlreichen Sitzgelegenheiten laden zum meditativen Entspannen ein. Man ist geneigt, es Buddha gleichzutun, die Augen zu schließen und einfach seelebaumelnderweise abzutauchen in diese ansteckende Zufriedenheit mit der Welt und sich selbst. Bodentiefe Fenster gestatten einen Traumblick auf die Mosel, Bambusböden schlucken jedes Geräusch vom Schuhwerk, sanfte Klänge betören den Verstand beim Betrachten dieser wirklich fantastischen Figurensammlung. Man muss kein Buddha-Fan sein, um zu spüren, dass hier ein Mensch mit einem wahrhaft tiefen Verständnis für die kleinen und großen Buddha-Figuren steckt, um mit Liebe und Herzblut diese Glücksoase zu konzipieren. Das Buddha-Museum zeigt nicht nur eine der größten Buddha-Sammlungen in Europa. Es lädt vielmehr ein, loszulassen und einzutauchen in ein glücklicheres Leben. „Laufe nicht der Vergangenheit nach und verliere dich nicht in der Zukunft. Die Vergangenheit ist nicht mehr. Die Zukunft ist noch nicht gekommen. Das Leben ist hier und jetzt." Buddha lehrte den Dharma. Im Buddha-Museum bekommt man eine Ahnung davon.

Buddha-Museum, Bruno-Möhring-Platz 1, 56841 Traben-Trarbach, Tel. (0 65 41) 8 16 51 80
www.buddha-museum.de
ÖPNV: Bus 333, Haltestelle Enkircher Straße, Traben-Trarbach

Die Seine liegt an der Nahe

47 *Die Brückenhäuser von Bad Kreuznach*

Der Hunsrück ist schön. Das wissen wir inzwischen. Doch unterhalb der Nahebrücke in Bad Kreuznach wähnt man sich wahrlich irgendwo in südlichen Gefilden im Urlaub. Fast könnte man glauben, man säße irgendwo am Ufer der Seine in Paris, wenn man gemütlich bei einem leckeren Nahe-Wein in der Schirmbar Fritz am Naheufer sitzt, den warmen Sonnenschein genießt und dem verzaubernden Musette-Walzer eines Straßenmusikers lauscht. Natürlich haben Sie recht – das gilt nur für die Sommermonate, denn sonst ist man besser im Lokal aufgehoben. Aber ganz gleich, ob man drinnen oder draußen ein Plätzchen findet, um sich niederzulassen, man hat eine tolle Aussicht auf die Brückenhäuser, die zu den Hauptattraktionen des charmanten Städtchens gehören. Die Brückenhäuser sind das Wahrzeichen der Kurstadt Bad Kreuznach und gehören zu den seltensten noch erhaltenen ihrer Art weltweit. Sie sind alle in Holzfachwerk-Bauweise errichtet. Die Alte Nahebrücke war einst Kreuzungspunkt zweier Fernstraßen und diente auch als ein Teil des Stadtmauerrings. Eigentlich durfte man diese Brücke überhaupt nicht bebauen. Aber weil es in der Stadt zu eng wurde, errichteten die Kreuznacher Bürger zwischen 1480 und 1600 auf den Pfeilern diese nicht genehmigten „Schwarzbauten“. Ihr Aussehen erinnert irgendwie an Schiffe, deren Bug spitz zulaufend ins Wasser ragt. An der Vorderfront eines der beiden Brückenhäuser ist eine Kugel eingemauert, die eine schwedische Kanone im Dreißigjährigen Krieg auf die Stadt abgefeuert haben soll. Die Pfeiler und heutigen Keller der Brückenhäuser dienten während der Belagerung und Eroberung der Stadt durch die Schweden und Spanier seinerzeit als Pulverkammern. Zu jener Zeit war die Alte Nahebrücke ein Hauptverkehrspunkt zwischen zwei Fernstraßen und diente gleichzeitig als ein Teil der Stadtmauer. Die Brücke ist die Verbindung von der Neustadt mit der sehenswerten Altstadt, wo viele schöne Parkanlagen, Boutiquen und Geschäfte und sehr gute Speiselokale zu finden sind.

TIPP

Im Salinental am Rande der Stadt können Sie etwas für Ihre Gesundheit tun: salzhaltige Luft einatmen.

Alte Nahebrücke, 55543 Bad Kreuznach
www.bad-kreuznach.de

ÖPNV: Zug RE3, RB 65, Bus 233, 224, 242, 251, 253, Haltstelle Bahnhof Bad Kreuznach

Seilerei Gg. Wohlleben

Im Urwald zu Hause

48 *Bescheider Mühle im Rockenburger Urwald*

Im romantischen Dhrontal zwischen rauschendem Wasser, blühenden Wiesen und dem Rockenburger Urwald erstreckt sich eine Landschaft, die an Idylle und Schönheit kaum zu überbieten ist. Es ist ein Ort, wie Kinder ihn mit Wasserfarben malen – ein Haus in einem Tal mit einem Weiher und einem Bachlauf, ein Garten und darüber eine lachende gelbe Sonne vor bauschig weißen Wolken am unwirklich strahlend blauen Himmel. An diesem Ort liegt die Bescheider Mühle, früher auch Herrgottsmühle genannt, deren Geschichte bis ins Jahr 1866 zurückreicht und seither zur herben Wildnis im Dhrontal gehört. Wahrlich herrgöttlich ist das rund 33 Hektar große Areal rund um die alte Mühle. Hier scheint die Welt noch in Ordnung zu sein, und die Natur zeigt sich von ihrer schönsten Seite. Ein kleiner Teich, der zum Restaurant gehört, lädt zum Verweilen ein. Das rustikale Restaurant bietet deftige Hausmannskost in zünftiger Brauhaus-Atmosphäre. Die Tagessuppen sind immer an die Jahreszeit angelehnt. Darüber hinaus gibt es jeden Sonntag wechselnde Braten, da diese Tradition immer mehr in Vergessenheit zu geraten scheint und für den Chef des Hauses, David Kündgen, ein Kulturgut darstellt. An sonnigen Tagen wird das Essen auf der großzügigen Terrasse inmitten der Natur gereicht. Neu ist der Lounge-Bereich mit Wildledersesseln. Hier lässt man sich gerne zum Plausch nieder oder verfolgt auf der Großbildleinwand aktuelle Sportevents, wie zum Beispiel SKY Bundesliga.

Ein Glück für alle, die sich nicht von ihrem Handy trennen mögen: In allen Gasträumen gibt es kostenloses Hochgeschwindigkeits-WLAN. Das romantische Mühlental ist aber auch ein echter Glücksort für Wanderer, die von hier die urwüchsige Natur erkunden. Nur 700 Meter vom Restaurant entfernt, beginnt der Rockenburger Urwaldpfad, der an Deutschlands besten Wanderweg, den Saar-Hunsrück-Steig, grenzt.

Bescheider Mühle, Mühle 1, 54413 Bescheid, Tel. (0 65 09) 2 24 98 12
www.bescheidermuehle.de
ÖPNV: Bus 328, Haltestelle Bescheid

Feuer & Flamme

49 *Feuerwehr-Erlebnis-Museum Hermeskeil*

Der DeLorean DMC-12 ist wohl die berühmteste Zeitmaschine der Welt. Mit dem Kult-Auto reiste einst Marty McFly in den 80er-Jahren im Film „Zurück in die Zukunft“ durch die Jahrhunderte. Man braucht jedoch nicht über den großen Teich in die USA zu reisen, um diese Zeitmaschine zu besteigen. In die historische Vergangenheit der Floriansjünger reisen kann man auch im Hunsrück. Für einen echten Feuerwehr-Fan muss es auch nicht der DeLorean sein. Da reicht schon eine von Hand gezogene Feuerspritze aus dem 18. Jahrhundert, um das lodernde Feuer der Begeisterung zu entfachen.

Auf gut 1000 Quadratmetern sind um die 1700 Ausstellungsobjekte zu sehen – die meisten davon hat der Mitbegründer und langjährige Museumsleiter des rheinland-pfälzischen Feuerwehrmuseums, Ernst Blasius, gesammelt. Er war schon immer Feuer und Flamme für das Feuerwehrwesen. Neben Uniformen, Helmen, Pumpen und Spritzen gehören auch größere, historische Fahrzeuge zur Sammlung. So zum Beispiel ein Magirus Hilfsrüstwagen aus dem Jahre 1953. Nimmt man darin Platz, fühlt man sich sofort zurückversetzt in die 50er-Jahre.

Wie es damals wohl war, wenn es irgendwo lichterloh brannte und die Feuerwehr zum Einsatz gerufen wurde? Die Brandbekämpfung war früher weitaus beschwerlicher als heute. Fehlende Maschinen mussten durch Muskelkraft ersetzt werden. Mit welchen aus heutiger Sicht einfachen Mitteln die Menschen früher den Kampf gegen das Feuer aufnehmen mussten und wie anstrengend es eigentlich ist, eine Handdruckspritze zu bedienen, all das erleben Besucher im Museum. Feuerwehrhistorie zum Anfassen im Wandel der Zeit bietet sich Besuchern bei einem Rundgang durch das landesweit einzigartige Museum, in dem ausdrücklich zum Mitmachen und Ausprobieren aufgefordert wird. Vor allem für Kinder ist das Museum ein echtes Erlebnis. Und wenn man ganz viel Glück hat, dann steht vor dem Museum auch noch ein fahrbereites Feuerwehrauto, und man darf mitfahren!

Feuerwehr Erlebnis Museum, Neuer Markt 2, 54411 Hermeskeil, Tel. (0 65 03) 9 21 67 42
www.feuerwehr-erlebnis-museum.de

ÖPNV: Bus R200, 202, 209, 290, Haltestelle Donatusplatz

Begleiter fürs Leben

50 *Glück zum Umhängen vom Atelier Barbara Rummel*

Die wünschen wir uns doch alle: treue Begleiter fürs Leben, die unser Herz höherschlagen lassen. Männer? Nö, dieses Mal geht es um etwas anderes. Frauen lieben Handtaschen! Schließlich gibt es keine bessere Möglichkeit, unser Hab und Gut zu jedem Anlass stilecht dabeizuhaben. Zudem ist sie wie unser zweites mobiles Zuhause – manchmal sogar ein echtes Überlebenspaket. Theoretisch reicht der Inhalt oft aus, um schnell spontan das Land zu verlassen. So individuell die Frau, so individuell soll auch die Tasche sein. Eine Frau, die das erkannt hat, ist Barbara Rummel. Die Taschen-Kreationen der ausgebildeten Kunststickerin und diplomierten Textildesignerin heißen Fina, Lara, Paula, Selia, Pina, Sophie, Lilly, Thea und Saskia und sind allesamt absolute Unikate. Es gibt sie in vielen Farben und Größen.

Bevor ihre inzwischen erwachsenen Kinder zur Welt kamen, nähte und bestickte die Taschendesignerin mit dem besonderen Gespür für das Schöne Kirchengewänder und -textilien. Während der Elternzeit kam dann die freie Malerei dazu. Die Taschenschöpferin vom „Hundsbuckel" unterrichtete in ihrer eigenen Malschule. Vor gut zehn Jahren startete sie dann ihr kleines Business und kreiert Taschen aus Filz und Leder.

Aktuell hat sie eine ganz neue Kollektion: Als Material für die Taschen dienen Wolle und Stein. Die kreative Designerin arbeitet mit sogenannten Steinfurnieren. Hierbei werden Steine auf ein Tuch als Trägermaterial aufgeklebt. Wird beides wieder getrennt, so bleibt eine hauchdünne Steinschicht am Stoff hängen. Heraus kommt eine umwerfend ausgefallene Taschenkreation, die es inzwischen auch auf den großen Laufsteg der Berliner Fashion Week geschafft hat. Seit 2016 betreibt Barbara Rummel ihren eigenen Online-Shop, aber dennoch sind Kunden in ihrem Atelier willkommen. Ob fürs Büro, für die Shoppingtour oder den Abend – bei der Powerfrau aus dem Hunsrück kann man seine individuelle Glückstasche einfach umhängen und mitnehmen.

Atelier Barbara Rummel, Merscheider Straße 28, 54497 Morbach, Tel. (0 65 33) 95 75 50
www.barbararummel.de
ÖPNV: Bus 314, Haltestelle Merscheid, Grundschule

Von Elfen & Einhörnern

51 *Zauberwald Hattgenstein*

Viele Menschen haben sich insgeheim schon öfter mal gefragt: Wo leben eigentlich die Elfen, Einhörner, Meerjungfrauen und Trolle, wenn wir nicht gerade eine Seite in unserem Märchenbuch aufgeschlagen haben und wir sie sehen können? Diese Antwort kann nur einer geben, und das ist Waldmeister Willi Wurzel, der heimliche Herrscher über den Zauberwald im Hambachtal. Dazu muss man sich natürlich erst einmal dorthin wagen. Traut man sich, dann empfängt Willi Wurzel seine Gäste mit einem freundlichen Gesicht und lockt sie so in das leuchtende Saftiggrün des Waldes. Die Sonne blitzt durch das Geäst und verbreitet ein mystisches Zwielicht. Donnerknispel! Ist dort nicht gerade eine kleine Elfe zwischen den hellgrün leuchtenden bemoosten Felsen hervorgehüpft? In einem Zauberwald kann man das ja nie wissen. Der Weg führt entlang der magischen Hambacher Felsen, um deren Bauch sich ein samtig grüner Teppich aus Moos gelegt hat. Vorbei geht es an einem Barfußpfad, einem Hörrohr und einem kleinen Kinderspielplatz. Und überall grüßen Fabelwesen an den Stationen, an denen man sehr viel über den Wald, die Tiere, die Bäume und die Vegetation erfahren kann. Ein Fuchsbau zum Hineinkriechen und Tast-Erlebnisse hinterlassen bei den kleinen und großen Besuchern einen bleibenden Eindruck. Man kann Tierspuren ermitteln und verschiedene Baumrinden und Wurzeln miteinander vergleichen. An einer Akustik-Station können Tierstimmen gehört werden. Jede Station ist kindgerecht mit Informationstafeln bestückt.

TIPP Achten Sie auf die violett-weißen Traumschleifen-Schilder. Sonst verirrt man sich.

Der verzauberte Waldpfad führt auch an einen knapp 30 Meter hohen Aussichtsturm. Hinaufklettern lohnt sich, denn man wird mit einem Panoramarundblick über den Hunsrück bis hinein ins Saarland und zur Eifel belohnt. Die Wanderung durch den Wald dauert etwa drei Stunden und beginnt am Wanderparkplatz von Oberhambach. Hier plätschert der Sauerbrunnen, eine seit Jahrhunderten bekannte Heilquelle mit sprudelndem Mineralwasser. Einfach köstlich!

Zauberwald Hattgenstein, Sauerbrunnen 1, 55765 Oberhambach
www.hattgenstein.com/zauberwald.html

Anfahrt: Wanderparkplatz Sauerbrunnen an der L174 bei Oberhambach gegenüber dem Ferienpark Hambachtal

Bio zwischen Schießscharten

52 *Anne's Naturladen in Reinsfeld*

Schon von Weitem sieht man es, das schmucke Bauernhaus mit den mittelalterlich anmutenden Schießscharten. Das durch ein mehrgliedriges Glasfenster ersetzte Rundbogen-Scheunentor erinnert noch daran, dass hier einmal hoch beladene Heuwagen hindurchfahren konnten. Hell und heimelig ist der ehemalige Pferdestall seit seiner Verwandlung in Anne's Naturladen. Gute Ernährung war immer schon ein wichtiges Thema für Anne Hartmann, die Namensgeberin und Inhaberin des kleinen Bioládchens. Neurodermitis, Gicht, Zucker und Lebensmittelunverträglichkeiten lassen sich nachweislich durch eine gesunde Ernährung mit rein ökologischen Nahrungsmitteln lindern. In ihrem Geschäft, das sie mit viel Liebe zum Detail eingerichtet hat, gibt es alles, was das Herz an gesunden und nachhaltigen Lebensmitteln begehrt. Bei ihren Produkten setzt Anne ausschließlich auf zertifizierte Qualität und regionale Produkte, die die Umwelt wenig belasten und der Gesundheit förderlich sind. Die Produktpalette reicht von Naturkosmetik und Hygieneartikeln aus ökologischen Rohstoffen über Kräuter und Öle, Säfte und Müslis bis hin zu erlesenen Bioweinen und täglich frisch gebackenem Brot. „Wer Naturkost bereits probiert und verglichen hat, ist schnell von Qualität, Frische, Geschmack und Intensität begeistert", findet die sympathische Inhaberin, auf die sich der Besucher sehr gerne einlässt, um in einem kleinen Plausch über Gott und die Welt zu reden. Darüber hinaus gibt es bei Anne viele Pflege- und Hygieneartikel – alles selbstverständlich im Einklang mit der Natur. Zu ihren Lieferanten zählen alle namhaften Hersteller, die Produkte von Bioqualität aus ökologischem Landbau versprechen und deren Erzeugnisse umweltschonend hergestellt und weiterverarbeitet wurden. Die Produkte in Annes Geschäft sind natürlich unverpackt, ganz ohne Plastik. Ein Besuch lohnt sich auf jeden Fall – vielleicht auf einem Fahrrad, denn der Ruwer-Hochwald-Radweg liegt gleich um die Ecke.

Anne's Naturladen, Renustraße 5, 54421 Reinsfeld, Tel. (0 65 03) 98 14 10
www.annesnaturladen.de

ÖPNV: Bus R200, 202, 209, 290, Haltestelle Hauptstraße Reinsfeld

Hafer Cookies
Schoko Cookies
Wassermelonen
2,95 Spanien II
Aprikosen
4,95 Italien II
Bioprodukte
Grapefruit
1,45
Mango „Keith"
2,95
Nektarinen
5,35 Spanien II
5,45 Spanien II

Küss mich, Frosch

53 *Zauberhaftes Schloss Dagstuhl*

Von solch einem Schloss hat Dornröschen sicher all die 100 Jahre lang geträumt, bevor ein edler Prinz sie mit einem Kuss erweckte. Unterhalb der Burgruine errichtete um 1760 Graf Joseph Anton von Öttingen-Sötern für sich und seine Familie ein Herrenhaus. Das edle Schloss mit seinem neugotischen Eckbau und Türmchen, dem zauberhaften Schlossgarten und der schönen kleinen Kapelle ist ein Gebäudeensemble wie aus dem Bilderbuch. Mit lässig überkreuzten Vorderpfoten wacht ein Löwe im Garten vor dem Schloss mit dem achteckigen Brunnen, aus dem eigentlich gleich der Froschkönig selbst entsteigen müsste.

Viele Sagen ranken sich um das verwunschene Schlösschen. Eine davon handelt von einer weißen Frau, die ihren Gemahl ermorden ließ. Die Reue kam zu spät, und so fand sie des Nachts keine Ruhe und entstieg weinend und flehend der Dagstuhler Gruft. Der Sage nach erhörte ein Schäfer ihr Flehen und versuchte daraufhin einen goldenen Schlüssel aus dem Maul des Frosches im Schlossbrunnen zu bergen. Damit, so die Sage, wäre alle Schuld von der Frau genommen. Aber es gab eine Bedingung: Der Schlüssel müsse schweigend entnommen werden. Doch als der Schäfer dem Frosch in die Augen blickte, seien ihm die Worte „Oh Gott" entfahren. Der Frosch verschwand. Gesehen hat die weiße Frau noch keiner, aber vielleicht irrt sie immer noch umher und wartet auf ihre Erlösung.

TIPP Die Kapelle ist täglich von 10 bis 16 Uhr geöffnet. Führungen bucht man bei der Tourist-Information Wadern.

Sehenswert ist die kleine spätbarocke Kapelle am Schloss. Besonders eindrucksvoll sind die Malereien von Octavie Elisabeth Maria de Lasalle von Louisenthal, die bis zu ihrem Tod im Schloss lebte. Sie war die Tochter einer französischen Adelsfamilie in Metz. Volkstümlich bekannt ist sie als die „Malergräfin". Ihre Malereien erzählen aus dem Leben der Gottesmutter im Stil biblischer Historienmalerei. Schloss Dagstuhl ist seit 1990 Sitz des „Internationalen Begegnungs- und Forschungszentrums für Informatik", das sich in Fachkreisen weltweit einen hervorragenden Ruf erworben hat.

Schloss Dagstuhl, Oktavie-Allee, 66687 Wadern
www.schlossdagstuhl.de
ÖPNV: R1, R2, R3, Haltestelle Bahnhofstraße Dagstuhl

Vom Gips zum Rosenquarz

54 *Die historische Edelsteinschleiferei*

Von außen sieht das Gebäude recht unspektakulär aus. Umso überraschter ist man, wenn man das Innere betritt: Hier wird immer noch geschnitten, geschliffen, geformt und poliert nach althergebrachter Tradition. Bäuchlings auf einem hölzernen Kippstuhl liegend, zeigt Schleifereibesitzer Ernstotto Biehl, wie die Edelsteine früher bearbeitet wurden. Immer wieder drückt er den Stein an den rotierenden Schleifstein, wendet ihn und schleift ihn an anderer Stelle glatt. Die Zeit scheint still gestanden zu haben, denn alles ist noch so wie um 1880, als die ehemalige Gipsmühle zu einer Schleiferei umgebaut wurde. Draußen neben der Werkstatt knarrt und rattert das Wasserrad, das die alten Werkzeuge der Schleiferei antreibt. Drinnen klappern und rappeln und sägen die alten Maschinen der Mühle. Die Energie reicht sogar noch, um die etwa 100 Jahre alte Kohlenfadenglühlampe an der Decke tagtäglich zum Leuchten zu bringen. Alles in der Schleiferei ist noch vollkommen intakt. Genauso wie damals generiert der Schleifer aus dem Hunsrück auch heute noch die Energie zum Betreiben der urtypischen Anlage aus Wasserkraft. Für die Übertragung wird ein fast 100 Jahre alter Generator zur Stromerzeugung angetrieben, der 100 V Gleichspannung erzeugt.

TIPP Gleich um die Ecke befindet sich das gemütlich und liebevoll eingerichtete Restaurant Harfenmühle.

Edelsteine werden seit vielen Jahrhunderten von den Menschen verwendet, um sowohl auf körperlicher als auch auf seelischer Ebene Defizite auszugleichen und alles wieder in Harmonie zu bringen. Nicht nur vor diesem Hintergrund haben sie große Bedeutung für unsere Spiritualität. So soll zum Beispiel ein Amethyst neben dem Schlafplatz schlechte Träume vertreiben, während ein Rosenquarz das Herz für die Liebe öffnet. Nicht nur ihre Schönheit und Vollkommenheit machen Edelsteine zu einem wertvollen Besitz. Im Verkaufsraum bietet Familie Biehl Steine in allen Facetten zum Verkauf. Egal, für welchen Stein man sich entscheidet: Dem Herz, das ehrlich ist, öffnen selbst Steine sich, besagt eine chinesische Weisheit.

Edelsteinschleiferei Ernstotto Biehl, An der Deutschen Edelsteinstraße, 55758 Asbacherhütte, Tel. (0 67 86) 15 05, www.alte-edelsteinschleiferei.de

Anreise mit dem Auto. Nächster Bahnhof: Idar-Oberstein

Schwuppdiwupp, eingelocht!

55 *Minigolfanlage in Traben-Trarbach*

Ach, was war das früher so schön, wenn sonntags der Familienausflug Richtung Minigolfplatz ging. Papa machte den Anfang und schwupps – eingelocht. Mit einem Schlag! Bei uns Kindern waren doch schon einige Schläge mehr nötig. Aber egal. Darauf kam es nicht an. Das gemeinsame Erleben stand im Vordergrund. Ein besonders schöner Minigolfplatz befindet sich auf der Hunsrückseite der Mosel im Traben-Trarbacher Stadtteil Bad Wilstein. Anfang der 50er-Jahre hat der Traben-Trarbacher Arzt Dr. Walter Spier in der Schweiz das neue Spiel Minigolf gesehen und gleich mitgebracht nach Deutschland. So entstand damals diese ganz neue Spielmöglichkeit direkt am Kautenbach, der durch den rund 2000 Quadratmeter großen Platz hindurchfließt. Hier ist die deutsche Wiege des Minigolfens, denn der Platz in Traben-Trarbach beheimatet die älteste Anlage unseres Landes. Besonders schön ist der Platz mit seinen von der wilden und schönen Botanik umsäumten 18 Betonbahnen, die tatsächlich alle so ausgelegt sind, dass man den Ball mit einem einzigen gezielten Schlag einlochen kann.

Seitdem es die Anlage gibt, versuchen täglich Familien und Einzelkämpfer den Ball mit einem gezielten Schlag einzulochen. Die meisten benötigen jedoch mehrere Anläufe. Aber mehr als sechs Versuche dürfen es nicht sein, so lautet das höchste Golfergesetz. In der parkähnlichen Anlage recken sich Fichten, Birken, Erlen, Kastanienbäume und Buchen zum Himmel. Sträucher und Blumen schillern in herrlichsten Farben und erheben den Minigolfplatz zu einer wahren Entspannungsoase – am Abend sogar mit Flutlicht. Besonders schön ist die große Vielfalt der Blumen, die das Herz eines jeden Naturfreundes höherschlagen lassen. Und leckeres Eis, Kaffee und Kuchen gibt es auf der gemütlichen Terrasse auch noch. Beste Bedingungen, am nächsten Sonntag wiederzukommen und doch noch den Ball mit einem einzigen Schlag ins Runde zu donnern. Manchmal ist das Glück eben rund.

Minigolfclub Traben-Trarbach, Wildbachstraße 219, 56841 Traben-Trarbach, Tel. (0 65 41) 69 47
www.mgctratra.de

ÖPNV: Bus 222, Haltestelle Moseltherme Traben-Trarbach

Hinüberweg zur Mörderquelle

56 *Wanderung zur Siegfriedsquelle und Pfaffenstraße*

Als „Nemesia" schlüpft Nationalparkführerin Petra Schmitt in die Rolle der Magd des Hagen von Tronje und erzählt von der Ermordung Siegfrieds an der gleichnamigen Quelle, von den Tränen Krimhilds, der Ehefrau Siegfrieds, und natürlich von Hagen von Tronje. Mit ihren Gästen taucht sie in die Zeit vor 2000 Jahren ein. Startpunkt ist der Gipfel des Erbeskopfs. Hier stand über viele Generationen ein alter Buchenwald, der als der Heilige Hain bezeichnet wird. In unmittelbarer Nähe befindet sich ein gallorömischer Tempelbezirk aus dem 1. Jahrhundert vor Christus mit Pilgerunterkünften und einem großen Tempel mit Cella, weshalb der Gedanke an einen heiligen Platz hier oben auf dem Plateau gar nicht so abwegig ist. Dann geht es weiter zur Siegfriedsquelle, wo Petra Schmitt als Nemesia, Hagen von Troneggs (oder Tronjes) geschwätzige Magd, erzählt, was damals passiert sein soll. Wurde Siegfried von Xanten wirklich an einer Quelle in der Nähe des Erbeskopfes ermordet? Hat eine mutige Gräfin tatsächlich einen der mächtigsten Landesfürsten entführt? Beim Zwischenstopp an der Pfaffenstraße erzählt sie als „Grete aus Deiselbach" aus ihrem entbehrungsreichen Leben als leibeigene Bäuerin. Auch heute noch erinnert ein Grenzstein aus dem Jahre 1759 mit dem Wappen Kurtrier an die langen Streitereien zwischen Adel und Kirche um die damals bedeutende Pfaffenstraße. Einst war sie der Grenzpunkt des Hochgerichts Bernkastel und die geografische Grenze zwischen den Wild- und Rheingrafen, der Grafschaft Sponheim und Kurtrier mit seinen Ämtern Hunolstein und Baldenau. Auch heute noch ist an der „Hange Berk" (Hängende Birke) die Grenze zwischen dem Hochwald und dem Idarwald. Die Pfaffenstraße ist heute unterhalb des Erbeskopfes geteert. An der Hange Berk mündet sie in den sogenannten Hinüberweg. Bei der etwa dreistündigen Wanderung gibt es Futter fürs Hirn, Bewegung für den Leib und Glücksmomente für die Seele.

Siegfriedsquelle und Pfaffenstraße, Treffpunkt: Hunsrückhaus am Erbeskopf, 54426 Hilscheid, Tel. (0 65 04) 7 78, www.hunsrueckhaus.de

ÖPNV: Bus 328, Haltestelle Hunsrückhaus

Bitte keine Schlammschlacht

57 *Der Barfußpfad in Bad Sobernheim*

1915 eröffnete Pastor Emanuel Felke eine Naturheilpraxis im Kurort Bad Sobernheim. Der Kurbegründer wusste schon damals, wie heilsam eine ganzheitliche Therapie mit den Naturelementen Licht, Luft, Wasser und Erde beziehungsweise Lehm ist. Dieser Gedanke hat noch immer Bestand und lässt sich ganz wunderbar bei einem Besuch auf dem Barfußpfad in Bad Sobernheim erleben. Hier heißt es Schuhe aus, Hose hochkrempeln und eintauchen in das Reich des Spürsinns.

Auf einem rund 3500 Meter langen Rundweg gibt es neben Spaß und Erholung für die ganze Familie auch eine besondere Fußreflexzonenmassage. An der ersten Station des Barfußpfades wandelt man auf Grasflächen und durch Lehm, auf Sand und Stein oder auch Rindenmulch und fühlt sich ein wenig wie Tarzan oder Jane auf der rund 40 Meter langen Fußgängerhängebrücke. Beim Waten durch große Lehmbecken erfahren die müden Füße und Beine Erfrischung und Entspannung zugleich. Freude und Spaß pur bietet auch die Furt durch die Nahe. Vorsichtig tastet man mit nackten Füßen ins Wasser, zaghaft wird der Boden nach dem ein oder anderen spitzen Steinchen abgesucht, bevor es weitergeht. Und wenn die Furt aufgrund eines hohen Wasserstandes gesperrt ist, nimmt man einfach die Fußgängerbrücke, die Kinder unter acht Jahren ohnehin besser nutzen sollten, so steht es auf dem Hinweisschild. Auf einer Bootstour wird man selbst zum Fährmann und zieht sich und die weiteren Insassen zum anderen Ufer. Die Wasserdurchquerung ist ein Riesenspaß, besonders für Kinder und Jugendliche. Eingebettet ist die wunderschöne Barfußpfad-Anlage in die traumhafte Flussaue der Nahe. Diese wohltuende Fußreflexzonenmassage und das sinnliche Erlebnis wecken die Lebensgeister und bringen auf jeden Fall die körpereigene Energie zum Fließen – ein echter Glücklichmacher!

Barfußpfad, Staudernheimer Straße 90, 55566 Bad Sobernheim, Tel. (0 67 51) 8 56 92 92
www.barfusspfad-bad-sobernheim.de
ÖPNV: Regio 260, Haltestelle Bhf. Bad Sobernheim

arena

Wildgans zur Entspannung

58 *Der Keller Stausee*

Einfach mal raus aus dem Haus und irgendwo an einem schönen Ort entspannen, vielleicht ein Buch lesen oder eine Decke ausbreiten und gemütlich picknicken, das ist doch an einem schönen warmen Frühsommertag genau das Richtige für die müde Seele. Der Keller Stausee erscheint hierfür geradezu ideal. Schnell findet sich ein lauschiges Plätzchen am Ufer des Sees. Hier ist sie, die perfekte Kulisse für erholsame Stunden zum Krafttanken und Urlaub vom Alltag zu nehmen. Idyllischer kann es auf dem Land nicht sein. In der Nähe steht das Gemeinschaftshaus des örtlichen Angler- und Gewässerschutzvereins. Auf einem alten Ruderboot steht der Name Josef, der auch heute noch an den Mitbegründer des örtlichen Angler- und Gewässerschutzvereins, Josef Sevenig, erinnert. Der Fischbestand reicht übrigens von Aal bis Zander. Es gibt sogar Muscheln und Krebse im See. An Land tummeln sich kanadische Wildgänse, Stockenten und Blesshühner. Eine Familie fährt Tretboot, ein älterer Herr spaziert mit seinem Hund auf dem Uferweg. Gegenüber im „Haus am See" entspannen Gäste auf der Terrasse und lassen ihre Blicke übers Wasser schweifen. Ebenfalls direkt am See liegt ein Reiterhof.

Zu den Freizeitmöglichkeiten gehört der rund zwei Kilometer lange Rundwanderweg um den See, den man auch mit einem Tretboot durchqueren kann. Gleich um die Ecke gibt es ein Freibad und gastronomische Highlights mit regionaler Küche. Der See ist ein beliebter Ausgangspunkt zum Wandern und Fahrradfahren. Im Winter starten hier Skiwanderungen, Rodelpartien oder Schlittschuhrunden auf der nahe gelegenen Natureisbahn. Bowlingbahnen, Tennishalle und die Minigolfanlage des Ferienparks „LandalGreenparks" runden das Angebot im Seeumfeld ab. „Natur ist das große Bilderbuch, das der liebe Gott uns draußen aufgeschlagen hat", so das schöne Zitat von Joseph von Eichendorff. Am Keller See erhält man eine Ahnung davon.

Keller Stausee, Hochwaldstraße 1, 54427 Kell am See
www.seen.de/keller-stausee
ÖPNV: Bus 33, Haltestelle Bahnhofstraße, zu Fuß 20 Minuten

Bloß nicht schubsen

59 *Nahe-Skywalk in Hochstetten-Dhaun*

Zugegeben: Es kostet schon ein wenig Überwindung, über den Laufsteg bis ganz nach vorne an das Geländer der luftigen Aussichtsplattform zu gehen. Immerhin ragt diese sieben Meter über die Klippe eines ehemaligen Steinbruchs hoch über dem Nahetal in St. Johannisberg bei Hochstetten-Dhaun hinaus. Während die Stahlplattform auf den ersten Metern nach unten noch „undurchsichtig" ist, so kann man ab etwa der Hälfte durch den Gitterrostboden hinunter in die Tiefe sehen. Etwa 70 Meter geht es an dieser Stelle hinab. Dort, wo die Hangkante abbricht und man keinen festen Boden mehr unter dem Gitterrost hat, spürt man beim ersten Betreten schon ein wenig Bauchkribbeln. Doch nur Mut, denn man gewöhnt sich allmählich an dieses „Schwebegefühl", und beim zweiten Anlauf ist es auch gar nicht mehr so schlimm. Es lohnt sich in jedem Fall. Mutige werden mit einer unvergesslichen Aussicht hinab ins Nahetal, auf den Hellberg, die Stadt Kirn und bei klarer Sicht bis in die Pfalz belohnt. Frei stehend, kann der Blick in die Ferne schweifen. Unten auf der Wiese wickelt ein Landwirt Rundballen. Im Steinbruch unterhalb herrscht reges Treiben. Benannt ist der Skywalk in Anlehnung an den berühmten Skywalk im Grand Canyon. Anders als dort darf man hier seine Kamera mitnehmen, und es kostet auch keinen Eintritt. Einen Glasboden wie beim Namensvetter am Gran Canyon gibt es allerdings auch nicht.

Bis zur Aussichtsplattform fahren kann man nicht. Aber das macht überhaupt nichts, denn der kleine idyllische Ort Hochstetten-Dhaun hoch oben auf dem Berg ist auf jeden Fall einen Spaziergang wert. Der Weg führt entlang einer kleinen Pferdeweide, vorbei an Wohnhäusern mit Blumen vor der Tür und schönen kleinen Gärtchen bis hin zum „Skywalk". Auf dem Rückweg lohnt sich auch ein Besuch im Biergarten, der sich gleich neben der Aussichtsplattform befindet.

Nahe-Skywalk, St. Johannisberg 13, 55606 Hochstetten-Dhaun
www.kirn-land.de
Anfahrt: von der B41 kommend, in Hochstetten-Dhaun
ÖPNV: RV 33, Haltestelle Hochstetten-Dhaun

Begriff

Sonntags bei Oma

60 *Bauernhofcafé Hunolsteiner Hof*

Unendlich viele Kindheitserinnerungen kommen bei diesem frischen Hunsrücker Brot mit Schwartenmagen, eingelegter Gewürzgurke und Zwiebeln auf. Genau so gab es das früher schon bei Oma! In Gedanken sehe ich sie in der Küche stehen, wie immer mit einer bunten Schürze bekleidet. Das große, hölzerne Brettchen vor sich, ein Messer in der Hand beim „Schmierenmachen“, wie man im Hunsrück zu sagen pflegt. Wir Kinder saßen daneben und freuten uns auf unsere gute Brotschnitte. Alles roch nach Heimat und Vertrautheit. Genau so wie im Bauerhofcafé Hunolsteiner Hof. Etwa drei Kilometer von der Hunsrückhöhenstraße entfernt, am Ortseingang von Morbach-Hunolstein, schmiegt es sich in die idyllische Landschaft am Fuße des Idarwaldes.

Mit viel Liebe zum Detail und einer großen Portion romantischer Nostalgie ist dort, wo einst Kühe weideten, ein urgemütliches Bauernhofcafé entstanden. Specksteinkränze und alte Kaffeemühlen von anno dazumal wecken die Sehnsucht nach friedvollem Landleben und bringen ein Stück Kindheit zurück. Augen und Geist erfreuen sich an liebevoll dekorierten Blickfängen im Haus und auch draußen auf der großzügigen Terrasse. Eine von Blumen umrankte Bank hier, ein nostalgisches Plätzchen unter der dicken Kastanie da. Neben deftiger Hunsrücker Hausmannskost mit Erzeugnissen vom eigenen Hof gibt es stets frischen selbst gebackenen Kuchen. Die hausgemachten Fruchtaufstriche und Liköre schmecken ganz hervorragend und eignen sich – schön verpackt – als Mitbringsel oder Geschenk für Familie und Freunde. Und gleich um die Ecke, etwa 15 Gehminuten entfernt, gibt es auch noch eine echte Burg – oder besser das, was davon übrig ist.

TIPP Der Hunolsteiner Hof ist der ideale Ausgangspunkt für eine Wanderung auf der Hunolsteiner Klammtour.

Bis Anfang der 50er-Jahre gehörte der Hof dem Grafen Felix Maria Eduard von Hunolstein. Später erhielt seine Enkelin Gräfin Henriette das Anwesen als ganz besonderes Hochzeitsgeschenk. Auch wenn die Burg nicht mehr ganz erhalten ist, so vermittelt sie doch einen wundervollen Blick vom Burgfelsen aus über das Dhrontal bis hinauf zum Haardtkopf.

Bauernhofcafé Hunolsteiner Hof, Hunolstein 2, 54497 Morbach-Hunolstein, Tel. (0 65 33) 33 80
www.hunolsteiner-hof.de

Anfahrt: beim Oderter Haus von der Hunsrückhöhenstraße B 327 auf die K 99 abbiegen, vor dem Ort der Beschilderung folgen

Slàinte Mhath!

61 *Einkehr in der „Kleinen Dorfwirtschaft" in Leisel*

Lagavulin, Laphroaig, Dalwhinnie Highland und Talisker sagen Ihnen nichts? Dachte ich es mir doch. Sie gehören also zu den Champagner-, Cocktail- oder Likörchen-Schlürfern? Nein? Auch nicht? Aber ganz ohne Alkohol ist zuweilen doch bekanntlich auch keine Lösung. Gönnen Sie sich einen besonderen Abend in einem ganz besonders urigen Ambiente, zum Beispiel mit einem erlesenen echten schottischen Whisky. Beim Besuch im KDW handelt es sich um kein Berliner Kaufhaus zum Shoppen. KDW steht für die „Kleine Dorfwirtschaft" und ist ein uriges Blockhaus mit einem riesigen Angebot an Weinen, Spirituosen, feinen Schnäpsen und natürlich Whisky! Gut 500 erlesene Flaschen liegen gut sichtbar verteilt auf dem schönen Holzregal rund um den Ausschankraum und über der Theke. Das KDW hat sie alle!

Thomas Petsch, der Besitzer dieses ausgewöhnlichen Lokals, ist leidenschaftlicher Whiskysammler und bringt von all seinen Reisen mindestens eine Flasche mit, damit sie zu Hause in aller Ruhe genossen werden kann. Neben dem schmucken kleinen Holzblockhaus steht ein weiteres – nämlich die funkelnagelneue Blockhaus-Lounge –; wo man auch bei schlechterem Wetter gut und warm sitzen kann. Hinter der KDW befindet sich auch eine große Sommerterrasse. Und gleich neben dem Haus kuschelt man sich auf wunderbar weichen Schaffellen auf den Stühlen. Das wärmt ebenfalls, wenn es draußen einmal etwas kälter ist.

TIPP Currywurst mit Holgers hausgemachter Currysauce – ein Gedicht!

Aber auch kulinarisch kann sich die Kleine Dorfwirtschaft sehen lassen. Alles wird von Küchenchef Holger Schmidt frisch zubereitet. Die Zutaten kommen aus der Region. Jeden Sonntag ab 15 Uhr gibt es hausgemachten Kuchen von Oma Ilse. Und hinterher vielleicht noch einen echten schottischen Whisky. „Slàinte Mhath" ist ein schottischer Trinkspruch und bedeutet „Großartige Gesundheit". Wenn das mal kein Glück ist!

Kleine Dorfwirtschaft, Hauptstraße 31, 55767 Leisel, Tel. (0 67 87) 2 99 00 22
www.kleinedorfwirtschaft.de

ÖPNV: Bus 332, Haltestelle Leisel Mitte

Zwischen den Welten

62 *Pilgern zur Nationalparkkirche in Muhl*

Einfach nur gehen, atmen, nachdenken. Über alles. In Gedanken Probleme lösen. Die Langsamkeit, mit der die Zeit verstreicht. Den Blick ins Innere richten. Ohne Musik auf den Ohren. Ohne Schnickschnack. Einfach einmal abschalten und Kraft tanken. Beim Wandern bewusst erleben, wie sich das Licht ändert, wie es von den warmen Blau- und Grüntönen des Nachmittags zum abendlichen Gelb-Orange wechselt. Wandern zwischen den Welten sozusagen. Mit sich selbst im Einklang – günstigstenfalls. Pilgern liegt voll im Trend. Es ist die große Sehnsucht nach Langsamkeit, weg vom hektischen und reizüberfluteten Alltag. Vielen Leuten fehlt der direkte Bezug zur Natur. Dafür ist oft keine Zeit, und doch spüren sie eine gewisse Sehnsucht danach. Einfach einmal tief durchatmen, den Duft des Waldes spüren, das Streicheln des Windes, der den Stoff um die Beine bauscht. Oder einen knorrigen, moosbewachsenen meterhohen Baum bewusst wahrnehmen und das Lichtspiel der Sonne in den Wipfeln erleben. Das erdet und hat für viele Menschen auch etwas sehr Spirituelles und Reinigendes.
Dazu muss man auch nicht gleich nach Santiago de Compostela in Spanien pilgern, denn das geht auch im Hunsrück. Entweder auf eigene Faust oder mit ausgebildeten „spirituellen Wegbegleitern“ im Rahmen eines ökumenischen Projektes der „Kirche im Nationalpark“. Angeboten werden geführte spirituelle Wanderungen zu verschiedenen Themen durch die „Kraftquelle Wald“ zur Nationalparkkirche Sankt Josef in Muhl. Gestartet wird entweder auf dem Gipfel des Erbeskopfs oder an der Jakobuskirche in Birkenfeld. Ob es einfach nur dem Zeitgeist entspricht, wandernd auf Sinnsuche zu gehen, oder ob die Pilger den mühsamen Weg beschreiten, um sich wieder Gott zu nähern, das bleibt jedem selbst überlassen. Inspirierend ist eine Pilgerwanderung in jedem Fall.

Pilgern zur Nationalparkkirche, Treffpunkt: Pfarrkirche St. Jakobus, Schneewiesenstraße 4, 55765 Birkenfeld oder am Gipfel des Erbeskopfs, 54426 Hilscheid
www.nationalparkkirche.de

ÖPNV: Bus 330, Haltestelle Talweiherplatz in Birkenfeld oder Bus 328 zum Hunsrückhaus Hilscheid

Schlafen in der Tonne

63 *Weinfasshotel an den Schwarzrinderseen*

Sieben Fässer Wein können laut Liedtext von Roland Kaiser nicht gefährlich sein. Dass das sehr wohl gefährlich sein kann, erlebt man im romantischen Weindorf an den Schwarzrinderseen. Stellen Sie sich vor, Sie sitzen an einem warmen Sommerabend bei einem Gläschen erlesenen Weins unter einem südländischen Stroh-Sonnenschirm. Von der Waikiki-Bar schwebt schöne Musik zu Ihnen herüber. Später geht es ganz romantisch auf einen Spaziergang am Sandstrand entlang. Na? Erinnert Sie das nicht schon eine wenig an Copacabana, italienische Riviera oder französische Côte d'Azur? Doch so weit braucht man gar nicht zu fahren, denn das findet man auch im Weindorf. Und gefährlich ist das schon, denn es besteht Gefahr, sich in dieses wunderbare Ambiente zu verlieben und immer zurückkehren zu wollen! Spätestens beim Betreten der romantischen Schlafstätte im Fass ist es um einen geschehen. 18 Weinfässer wurden liebevoll zu gemütlichen Schlaffässern umgebaut und bieten eine ganz außergewöhnliche Übernachtungsmöglichkeit. Jede Weinfass-Einheit besteht aus liegenden Schlaffässern und stehenden Sanitärfässern, die mit einer großen Duschkabine und viel Platz im Bad überraschen. Die Terrasse verbindet die beiden Fässer miteinander. Familien können eine Einheit mit zwei Schlaffässern und einem Badezimmerfass wählen. In der Abenddämmerung springt auch schon mal ein Reh durch die Reben, die jede Fasseinheit umgeben. Das Schlaffass bietet zwei Schlafplätze und befindet sich jeweils auf verschiedenen abgegrenzten Plätzen. Die Fässer sind beheizt und mit Doppelbetten, Bettwäsche und allen Utensilien ausgestattet. Ein paar Meter weiter befindet sich ein größeres Saunafass mit Ruhezone und einem kleinen Wasserfall. Bis zum Sandstrand und zur Bar sind es ebenfalls nur wenige Meter. Das Frühstück, am Vortag bestellt, gibt es am Morgen in einem Picknickkorb, mit dem man sich dann ein Plätzchen am Strand suchen kann. Wie Diogenes in einem Fass übernachten und wie Weingott Bacchus vom Glück träumen, das geht!

Weinfasshotel Weindorf, An den Schwarzrinder Seen, 66709 Weiskirchen, Tel. (0 68 74) 65 16
www.dasweindorf.de/weinfass-hotel/

ÖPNV: Bus 219, Haltestelle Thailen-Weiskirchen

Bauernbarock in Blau

64 *Historische evangelische Kirche von Stipshausen*

Meist kommt sie ganz leise und zaghaft zum Vorschein, etwa kurz bevor wir einschlafen oder in der Meditation, wenn wir den Blick nach innen richten – die Sehnsucht nach Ruhe und Frieden. Und wo findet man eher Ruhe, wenn nicht in einer Kirche? Auch wenn Glaube und Religion nicht jedermanns Sache sind. Kirchen begeistern da schon mehr. Sei es wegen ihres Alters oder ihrer Schönheit oder aber einfach wegen der beruhigenden Stille, die sie ausstrahlen. Ob nun im Dialog mit Gott oder mit sich selbst bieten sie einen Ort der Ruhe im tobenden Meer der alltäglichen Hektik. Eine ganz besondere Kirche befindet sich unmittelbar an der Hauptstraße mitten in Stipshausen. Von innen und außen ein Schmuckstück ist das schöne kleine evangelische Gotteshaus, das zwischen 1772 und 1979 errichtet wurde. Die Türe ist tagsüber meist geöffnet. Man darf eintreten.
Die Kapelle zählt wegen ihrer farbenfrohen Ausmalung zu den schönsten Kirchen im Hunsrück. Irgendwie erinnert das tonnengewölbte blaue Dach an Holzplanken auf einem alten Schiff oder an eine antike Landkarte. Ebenso wie die Emporenbrüstung ist die Decke mit ihren muschelförmigen Ornamenten im Stil des Hunsrücker Bauernbarocks bemalt. Im Chorraum des schlichten, dreiseitig geschlossenen Saalbaus sind figürliche Darstellungen der Taufe im Jordan, der Kreuzigung und der Himmelfahrt dargestellt. Tafelbilder an der Emporengalerie zeigen Jesus und die zwölf Apostel. Die Seitenwände werden von einem überlebensgroßen Bild Martin Luthers beherrscht. Die Orgel wurde zum Preis von 550 Talern im Jahr 1861 von den Gebrüdern Stumm aus Sulzbach erbaut. Ein echter Blickfang sind die edlen Achat-Fenster der Kirche, die von den international renommierten Edelsteinschleifern Bernd und Tom Munsteiner gestaltet wurden. Es handelt sich um die weltweit einzigen Fenster, die ganz aus Achat gefertigt sind. Bei Sonnenschein leuchten sie wie ein Schmetterling im Sommerwind.

TIPP In der Nähe des Friedhofs am Waldrand befindet sich ein sehenswerter Skulpturenweg.

Evangelische Kirche, Hauptstraße 42, 55758 Stipshausen
ÖPNV: Bus 345, 351, Haltestelle Stipshausen

1986

Rebensaft im Winzlingsraum

65 *Kleines Weinhaus in Neumagen-Dhron*

Das Glück ist flüchtig. Umso wertvoller sind die besonderen Glücksmomente, die einem manchmal per Zufall begegnen. Beim Schlendern durch die engen Gassen von Neumagen-Dhron zeigt sich das Glück völlig unerwartet von seiner niedlichsten Seite: Ein kleines, schmales Häuschen mit bunten Blumenarrangements vor der Tür, ein spitzer Giebel mit Mansardendach, der obere Teil reckt sich spitz gen Himmel. Die schwere Holztür ist weit geöffnet, sodass man sofort einen Blick in das schmale Häuschen, das sich eng an das Kopfsteinpflaster der Gasse schmiegt, erhaschen kann. „Kleinste Weinstube im ältesten Weinort Deutschlands", so steht es in gebogener Zierschrift über der Türe. Beim Eintreten blicken ein paar neugierige Augen auf die neuen Gäste und begrüßen sie mit einem freundlichen Lächeln. Es geht gar nicht anders, man muss hineingehen in den kleinen Winzlingsraum, der mit seinem liebevoll dekorierten Ambiente verzaubert. Vier von tausend Hosenböden und Ärmeln polierte hölzerne Bänke und Tische stehen dort. Am Ende des Raums eine Minitheke, eine beleuchtete Glasvitrine mit Likören, Branntwein und Schnäpsen. Schöne Weinregale, Kerzenschein und ein passendes Wandtattoo fügen sich in das schöne Bild hinein. Gerne nimmt man Platz und ist auch sogleich mitten in ein Gespräch verwickelt, denn hier spricht jeder mit jedem. Die Einrichtung ist freundlich und urig-gemütlich in Holz gehalten. Unter den Füßen ist ein schmaler Glasboden, der den Blick in den Weinkeller freigibt. Das 300 Jahre alte denkmalgeschützte, historische Juwel bietet Platz für rund 20 Personen. Es waren auch schon mehr da, verrät die Chefin des Hauses schmunzelnd. Man trinkt regionalen Wein, der zur heiteren Geselligkeit verführt, das Herz öffnet und die Zunge löst. Hier fühlt man sich wohl und erlebt eine kostbare Auszeit vom hektischen Alltag. Auch wenn es dort freies WLAN gibt, sieht man kaum jemanden, der sein Handy zückt. Man kommt als Fremder und geht als Freund. Einfach schön!

TIPP

Vorher etwas essen, denn Speisen gibt es dort nicht.

Kleines Weinhaus , Römerstraße 103, 54347 Neumagen-Dhron, Tel. (0 65 62) 93 15 23 oder (0 1 71) 4 86 51 22

ÖPNV: Bus 333, Haltestelle Neumagen-Dhron

Das
Leben
ist viel zu kurz, um
schlechten
Wein
zu trinken.
Goethe

Ausbüx-Künstler

66 *Der Schinderhannesturm in Simmern*

Der Ort dieser Geschichte ist zwar kein echter Glücksort, aber da die Hauptfigur einfach zum Hunsrück gehört, muss sie in dieses Büchlein. Und da es sich dabei um einen wahren Ausbüx-Künstler handelt, könnte es ja auch passieren, dass er diesem Buch entkommt. Für einen solchen Fall entschuldige ich mich in aller Form dafür, dass Sie sich jetzt selbst eine Geschichte überlegen müssen. Doch der Räuberwald des Hunsrücks bietet jede Menge Inspiration dazu. Die Rede ist vom Schinderhannes, dem berühmtesten Räuberhauptmann Deutschlands. Vor rund 200 Jahren kannte ihn jeder – vom Hunsrück bis hin nach Frankreich.

Johannes Bückler, so sein Name, begann bereits mit 15 Jahren seine kriminelle Karriere. Angeblich stahl er seinem Meister Kalbfelle und eine Kuhhaut, weshalb er eine öffentliche Prügelstrafe erhielt. Als „Johannes durch den Wald" versetzte er in den Folgejahren die Menschen in Angst und Schrecken. Immer wieder kam er ins Gefängnis, entwischte aber sofort wieder. Bei seinen Raubzügen ließ er die armen Bauern in Ruhe. Er teilte sogar seine Beute mit ihnen. Ob er das nun aus Edelmut tat oder um Verbündete zu gewinnen, darüber streiten sich bis heute die Geister.

Fakt ist, dass Schinderhannes ein gebildeter und stattlicher Mann war, der auch auf Frauen eine große Wirkung hatte. Er hatte zahlreiche Liebschaften. Die Bänkelsängerin Julchen Blasius zog sogar mit ihm als Räuberbraut durch die Wälder. Zudem galt er als Meister spektakulärer Ausbrüche. 1799 landete er im bis dahin als ausbruchsicher geltenden fensterlosen Turm in Simmern. Hinein gelangte man nur über ein Seil durch das sogenannte Angstloch in den Gewölbekeller. Doch auch hier gelang ihm die Flucht. 1803 starb Bückler im Alter von 26 Jahren auf dem Schafott in Mainz. Heute erinnert eine Ausstellung im Turm an den Schinderhannes.

Auch literarisch bleibt sein Leben in Erinnerung: 1958 wurde Carl Zuckmeyers Drama um den Räuberhauptmann mit Curt Jürgens und Maria Schell in den Hauptrollen verfilmt.

TIPP

Ab Simmern gibt es eine geführte „Räuber-Tour auf den Spuren des Schinderhannes". Infos: www.simmern.de

Schinderhannesturm, Turmgasse 8, 55469 Simmern
www.simmern.de/kultur/freizeitgestaltung/sehenswuerdigkeiten
ÖPNV: Bus 603, 645, 660, 666, Haltestelle Bahnhof

Wirklich allerhand

67 *Alpakas und Töpfer-Café „AllerHand" in Nohen*

Ist es nicht ein Glück, in ein Café einkehren zu können, in dem es leckere selbst gebackene Kuchen gibt, der Kaffee frisch aufgebrüht in einer Keramiktasse aus eigener Herstellung serviert wird, man gleichzeitig tolle Geschenke kaufen kann und zudem noch einen Blick auf die Tiere des Hauses hat? Um das Café herum leben Alpakas und Lamas sowie ein freundlich-zutraulicher Ziegenbock. Einheimische lieben das hübsch hergerichtete Café mit Deko- und Geschenkeladen sehr. Wanderer der Nohener Naheschleife kommen zum Abschluss ihrer Wanderschaft gerne vorbei, um sich ein wenig zu erholen und sich neu zu stärken, bevor es wieder nach Hause geht. Das Café AllerHand macht seinem Name Ehre, denn es hat wahrlich viel zu bieten. Dort, wo früher einst die Kühe standen, präsentiert sich heute ein schmucker kleiner Laden mit Selbstgemachtem. Hier gibt es Marmeladen in sämtlichen Variationen, Seifen und Körperpflegeprodukte – alles aus eigener Herstellung. Darüber hinaus erfreuen die liebevoll gefertigten Keramik-Artikel ebenso das Herz wie die warmen Filzhausschuhe, Traumfänger, Mützen, Loops und Pulswärmer aus der Wolle der Alpakas.
Die Chefin des Hauses, Anne Hennes, strickt für ihr Leben gerne. Viele andere Frauen aus dem Ort tun es ihr gleich, und so trifft man sich freitagnachmittags zum gemeinsamen Stricken, Klönen und Tratschen. Bei schönem Wetter geht es raus auf die großzügige Terrasse, die ebenfalls zu dem Café gehört. Wenn Anne Hennes nicht gerade mit den Alpakas unterwegs ist oder einen Töpferkurs leitet und sie ganz viel Zeit hat, dann sitzt sie auch schon mal am Spinnrad und spinnt die Wolle zu Garn. Ganz besonders beliebt sind Kindergeburtstage. Hier erleben die Kinder unvergessliche Stunden, während Mama und Papa sich in Ruhe zu Hause ausruhen können. Und das ist doch wohl echt ein Glück!

TIPP Die Nohener Naheschleife sollte man erwandert haben. Dort gibt es sogar einen Weinschrank im Wald.

Café AllerHand, Hauptstraße 26, 55767 Nohen, Tel. (0 67 89) 2 20 00 66
www.cafe-allerhand.de
ÖPNV: RB, RE, Bus 323, Haltestelle Festplatz

Ausgelassener Sausespaß

68 *Sommerrodeln im Freizeitzentrum Peterberg*

Bist du erst einmal groß, dann siehst du, wie schön es war, noch ein Kind zu sein. Derlei Sprüche kennen wir doch alle, wenn es uns mal wieder nicht schnell genug ging, erwachsen zu werden. Ach, was waren das noch Zeiten, damals, als wir mit unserem Schlitten die Dorfstraßen hinuntergeflitzt und geschlittert sind. Viel öfter sollten wir in die Welt der Kinder eintauchen und einfach mal wieder einen Berg hinuntersausen und uns den Fahrtwind um die Ohren wehen lassen. So wie im Winter beim Schlittenfahren. Rodeln macht einfach Spaß. Auch als Erwachsener. So viel Spaß, dass man auch im Frühling, Sommer und Herbst rodeln möchte. Möglich ist das auf der Sommerrodelbahn im Freizeitzentrum Peterberg bei Braunshausen. Mit 1000 Metern Länge – davon allein 800 Meter Bergfahrt – gehört die Bahn zu den zehn längsten Sommerrodelbahnen in Deutschland. Das verspricht Nervenkitzel und Spaß pur. Also dann mal schön anstellen und auf den nächsten Schlitten warten. Bei Hochbetrieb kann das schon einige Minuten dauern. Also besser noch ein Eis mitnehmen, um es unterwegs zu schlecken. Die Rodelfahrt beginnt beim Einsteigen in den Bob. Ganze sechs Minuten dauert die Fahrt mit dem Lift nach oben auf den Gipfel. Los geht es mitten in der Natur ganz oben auf dem Berg, der mit ziemlich genau 584 Metern die höchste Erhebung im Saarland ist. Mit viel Wind um die Ohren rodelt man durch 15 Steilkurven, Bögen, Schwünge und Jumps über 150 Höhenmeter hinunter ins Tal. Die Bobs können dabei bis zu 42 Stundenkilometer schnell werden. Wie gut nur, dass die komfortablen Twin-Bobs mit einer Bremse ausgestattet sind, sodass man so schnell oder langsam fahren kann, wie man es möchte. Einfach loslassen, die Geschwindigkeit einatmen und die wilde Fahrt genießen! Das macht Spaß und den Kopf frei von allen Sorgen und Lasten. Genauso wie früher, als wir noch Kinder waren.

TIPP

Auch das Rutschparadies und die Bungee-Trampoline sollte man sich nicht entgehen lassen.

Freizeitzentrum Peterberg, Peterbergstraße 3, 66620 Nonnweiler, Tel. (0 68 73) 9 11 34
www.freizeitzentrum-peterberg.de

ÖPNV: Bus 617, Haltestelle Nonnweiler-Braunshausen

43

Auf ewig eng umschlungen

69 *Zwillingsbäume in Mannebach*

Eine Geschichte des antiken römischen Dichters Ovid erzählt von einem in Eintracht und Liebe lebenden alten Ehepaar namens Philemon und Baucis: Zu jenem Dorf voller wohlhabender Einwohner wandelten einst in Menschengestalt Zeus und Hermes. Die Götter klopften an alle Türen und baten um Einlass und ein Nachtlager. Doch niemand öffnete – bis auf das arme Greisenpaar. Deren Gastlichkeit wurde von den Göttern belohnt. Das alte Ehepaar wollte den Lebensabend gerne gemeinsam beschließen. Zum Dank für die Gastfreundschaft verwandelten die Götter die beiden in Bäume – Philemon in eine Eiche und Baucis in eine Linde. Als solche hielten sie sich mit ihren Ästen liebevoll für immer und ewig fest umschlungen.

Was hat die Geschichte mit diesem Glücksort zu tun? Nun, wie beim großartigen Heimatepos von Edgar Reitz in HEIMAT 3, „Abschied von Schabbach", lässt sich das Ehepaar Molz zur goldenen Hochzeit kurz vor Rudi Molz' Tod fotografieren. Der Tod des Schabbacher Gastwirts trifft die Hauptfiguren des Films, Hermann und Clasissa, tief. Das Ehepaar Molz war für die beiden stets ein Symbol für immerwährende Liebe. Im Film „Heimat" kauft Hermann Simon zum Andenken an den verstorbenen Gastwirt genau dieses symbolhafte Foto von der goldenen Hochzeit. Dabei denkt er an seinen alten Lateinlehrer, der ihm einst die Geschichte von Philemon und Baucis erzählte. Unterwegs zur Beerdigung von Rudi Molz kommt Hermann an den Linden vorbei. Er steigt aus und legt sich am Fuße der magischen Linden ins weiche Gras. In seinen Träumen erlebt er seine Rückkehr nach Schabbach, und ihm wird bewusst, dass er seine Heimat für immer verloren hat. Auch wenn es Hermann sowie den Schabbacher Gastwirt Rudi Molz nur im Film gegeben hat, so existieren die beiden Zwillingsbäume aus dem Film wirklich. Heute steht eine Bank unter den Lindenbäumen. Und wenn man sich darauf niederlässt und den Blick über die weiten Felder, Wiesen und Wälder ringsum schweifen lässt, fühlt man es, dieses magische Gefühl, das man Heimat nennt.

Zwillingsbäume, 56290 Mannebach
www.beltheim.de/ortsteile/mannebach
Anfahrt: an der K47 von Beltheim nach Mannebach sind auf der rechten Seite die Zwillingsbäume
ÖPNV: Bus 636, Haltestelle Mannebach

Genießen & spüren

70 *Der Whiskykeller in Bruschied*

Bernhard Shaw, dem großen irischen Dichter und leidenschaftlichen Whiskytrinker war nicht nur das Ritual von Bedeutung, den Whisky richtig zu genießen, er setzte mit dem Spruch „Whisky is liquid sunlight“ (Übersetzung: Whisky ist flüssiges Sonnenlicht) dem bekanntesten Getränk aus seiner Heimat ein poetisches Denkmal. Ein lebendes Denkmal in Sachen Whisky ist auch Andreas Hailer mit seinem weltweit bekannten Whiskykeller in Bruschied. Seit mehr als 25 Jahren ist er nach eigenen Angaben dem Whisky „verfallen“. Dabei geht es weniger um den Alkohol, sondern vielmehr darum, einmal herauszukommen aus Stress und Zeitdruck. Denn Whisky bedeutet Zeit – Zeit zum Reifen, Zeit zur Entfaltung im Glas, Zeit zum Genießen und Spüren. Und der Mann, den man häufig mit einem Schottenrock sieht, weiß, wovon er spricht. Immerhin wurde er in den erlauchten Kreis der „Keeper of the Quaich“ berufen, der wohl höchsten Auszeichnung rund um den schottischen Whisky.
Vergeben wird dieses Prädikat von der sehr exklusiven „Scotch-Whisky-Gesellschaft“, die 1988 mit dem Ziel gegründet wurde, Schottland und seine Whiskys weltweit zu würdigen und das Prestige zu steigern. Die Aufnahme erfolgte im Rahmen einer feierlichen Zeremonie in Blair Castle, gefolgt von einem exquisiten schottischen Dinnerbankett. Neben zahlreichen Hochkarätern der schottischen Whiskyhersteller und Honoratioren des britischen Adels war als Ehrengast Fürst Albert von Monaco zugegen. Wenn Andreas Hailer nicht gerade auf Deutschlandtour ist, um seine hochwertigen Whiskys vorzustellen, findet man ihn in seinem Whiskykeller in Bruschied. Hier lagern ausgesuchte Spirituosen und Liköre und weit über 2000 verschiedene Whiskysorten aus verschiedenen Ländern. Das gut sortierte Fachgeschäft wurde mehrfach unter den besten Whiskyshops Deutschlands ausgezeichnet. Glücklich ist der, der wie Andreas Hailer bei einem Glas Whisky alles um sich herum ausblenden und dem Whisky lauschen kann, wenn er von seiner Heimat erzählt.

Whiskykeller, Unterdorf 2, 55606 Bruschied, Tel. (0 65 44) 9 92 50 74, www.whiskykeller.de

ÖPNV: Zug RE3, Bus 352, Haltestelle Bruschied

BERRYS' OWN SELECTION
FINEST
SINGLE MALT
SCOTS
WHISKY
BERRY BROS & RUDD LTD, LONDON, SW1
HIGHLAND PARK
12
HIGHLAND PARK
18
HIGHLAND PARK
25

Streicheln erwünscht

71 *Tierpark Birkenfeld*

Manchmal darf es auch etwas kleiner sein. Weniger ist oft mehr. Es müssen ja auch nicht immer ganze Elefantenherden, Giraffen und Affen vorbeiziehen, um Kinderherzen höherschlagen zu lassen. Besonders dann, wenn die Kinder noch klein sind, bietet der Mini-Tierpark am Stadtrand von Birkenfeld eine gute Alternative. Schon am Eingang putzt ein stolzer Schwan sein edel-weißes Gefieder. Wenige Meter weiter spaziert eine neugierige Gans aus ihrem Stall heraus und beäugt die neuen Besucher. Eine kleine Entenfamilie auf Erkundungstour beschleunigt mit viel Geschnatter ihren Schritt. Hier herrscht kein Gedränge, denn es sind nur wenige Menschen im Park. So kann man ganz in Ruhe durch die liebevolle kleine Anlage spazieren, die schon seit vielen Jahren besteht und vor über 100 Jahren als Kleintierzuchtverein gegründet wurde.
Auf dem fünf Hektar großen Areal leben etwa 250 Tiere. In großzügigen Freigehegen können Damwild, Ziegen, Schafe, Ponys und Zwergschweine aus nächster Nähe beobachtet werden. Hier leben Erdhörnchen, Meerschweinchen, Eichhörnchen und ein Nandu. Es gibt große Volieren mit Kanarienvögeln und Sittichen, Hühner, Fasane, eine schöne Schneeeule und einige geschwätzige Papageien. Bei den Eseln ist Vorsicht geboten, denn wenn man denen zu tief in ihre hübschen braunen Knopfaugen schaut, besteht die Gefahr, dass man sich in diese freundlichen Wesen verliebt. Im Tierpark Birkenfeld gibt es auch eine Gaststätte, in der die Besucher des Parks nach dem Rundgang ihren Appetit stillen können. Der Eintritt in den Tierpark ist frei. Futterspenden sind jedoch sehr willkommen. Alle anfallenden Arbeiten im Tierpark werden ehrenamtlich von Menschen erbracht, denen die Natur und die Tiere am Herzen liegen. Füttern und Streicheln der Tiere ist im Tierpark nicht nur erlaubt, sondern ausdrücklich erwünscht.

Tierpark Birkenfeld, Schönenwaldstraße, 55765 Birkenfeld, Tel. (0 67 82) 64 70
www.tierparkbirkenfeld.de
ÖPNV: RB, RE, Haltestelle Maiwiese, Birkenfeld

In de gudd Stubb

72 *Anne's Hofcafé in Niederlöstern*

Eigentlich ist der ganze Ort selbst wie eine zart gehauchte Ode an die Schönheit der Natur. Ideal, um in Erinnerungen zu schwelgen oder einfach die Seele baumeln zu lassen. Hier und da ein munteres Pferdewiehern, ein fröhliches Hundegebell oder ein gackerndes Hühnchen – ansonsten ist es ziemlich still in der Abgeschiedenheit von Wiesen und Wäldern. Nur eine einzige Straße führt ins Dorf. Ganze sechs Häuser, davon vier Bauernhäuser, bilden diesen wunderbaren Glücksort entlang der Löster, dem kleinen Bach, von dem das Dorf seinen Namen hat. Das Herz des Ortes schlägt genau in der Dorfmitte in Form einer kleinen heimeligen Kapelle. Gebaut wurde diese im Jahre 1783 von Matthias Müller als Gelübde für die Gesundung eines kranken Kindes. Heute ist die Kapelle im Besitz von Familie Josef Simon, die diese Weihestätte pflegt und hütet wie ihren Augapfel. Gleich daneben befindet sich Anne's Hofcafé. Jeden Sonntag von 14 bis 18 Uhr zieht Leben in die Idylle von Niederlöstern ein. Aus dem verschlafenen kleinen Dorf wird ein gut besuchter Ort, an dem man an manchen Sonntagen kaum noch eine Stelle zum Parken findet. Schon von Weitem duftet es herrlich nach frischen Kaffeebohnen. Bei schönem Wetter sitzt man draußen vor dem Haus unter dem Sonnenschirm – sofern man noch einen Platz ergattern kann –, denn unter schattigen Bäumen lässt sich ganz wunderbar plaudern, schauen und entspannen. Aber auch im Haus fühlt man sich wie damals als Kind beim Sonntagsbesuch bei Oma und Opa in der guten Stube. In den drei Zimmerchen des Cafés erwachen längst vergangene Kindheitserinnerungen: Sammeltassen, Porzellankannen, ein altes Küchenbuffet mit Schüben für Zucker, Mehl, Salz und Gewürze, kleine Tischchen mit alten Blumenvasen dekoriert. Hier bei Anne im alten Bauernhaus scheint die Zeit stillzustehen. Alles Hektische fällt ab. Es riecht nach Heimat und Vertrautheit. An diesem Ort will man sein.

TIPP Im Dorf befindet sich auch die 1783 erbaute Quiriakus-Kapelle.

Anne's Hofcafé, Niederlöstern 2, 66687 Wadern

Anreise nur mit dem Auto: am Ortseingang von Wadern im Kreisverkehr zweite Ausfahrt (L149) nehmen, dann nach 400 Metern rechts

GRIESS
PFEFFER
ZIMMT
NELKEN

Die Kraft der Bäume spüren

73 *Die alten Linden von Heiligenbösch*

Für die Kelten waren Bäume die Verbindung zwischen Himmel und Erde. Indianische Völker nannten sie liebevoll „große stehende Brüder". Die Afrikaner sahen in den Bäumen eine Verbindung zwischen ihren Ahnen und den Geistern des Himmels. In den Überlieferungen vieler Völker ist die Rede vom „Baum des Lebens". Zwischen Baum und Mensch bestand schon immer eine besondere, starke Verbindung. Doch wie fühlt es sich an, einen Baum zu umarmen? Sehr schön ausprobieren lässt sich das an einem ganz besonderen Ort. Idyllisch gelegen oberhalb der kleinen Gemeinde Leisel, leuchtet auf einem Bergrücken die weiße Kirche Heiligenbösch. Flankiert wird das Gotteshaus von zwei riesigen Lindenbäumen. Umgeben von weiteren Linden und einer mächtigen Bergulme wachen die beiden rund 380 Jahre alten Riesen erhaben und beschützend über die kleine Kapelle. Mehr als 20 Meter ragen die denkmalgeschützten Kraftprotze über die Kirche hinweg in den Himmel hinein. Es macht schon still und ehrfürchtig, wenn man klein und winzig vor diesen Methusalems steht und sie betrachtet. Was sie wohl alles gesehen und gehört haben? Wie viele Paare sich wohl zu ihrem allerersten Kuss unter den Bäumen getroffen haben? Wurden Feste um sie herum gefeiert, oder wurde gar über Menschen gerichtet?
Ganz gleich, ob man nun an die Kraft der Bäume glaubt oder nicht. Ein Versuch ist es in jedem Fall wert, denn bei der Umarmung spürt man sich selbst an der harten Rinde und weiß wieder, wie es sich anfühlt, ein Rückgrat zu haben. Ein Baum lässt sich nicht verbiegen, bleibt aufrecht, egal, wie fest wir uns gegen ihn drücken. Fest verwurzelt, wie wir es selbst gern wären. Er trägt seinen Stolz bis in die Krone. Kopf hoch – das ist das Zeichen, das er dem gibt, der es zu sehen bereit ist. Und dieses Gefühl macht gelassener. Zumindest eine kleine Weile lang. Und wem das zu weit hergeholt ist, der setzt sich einfach auf die Wiese und lauscht dem Rauschen der Blätter und dem sanften Säuseln des Windes. Entspannung bringt das auf jedem Fall.

Kirche Heiligenbösch, 55767 Leisel
www.heiligenboesch.de
ÖPNV: Bus 332 bis Leisel, Kirche liegt auf einer Anhöhe außerhalb des Ortes

Hochgotik für einen Knaben

74 *Die Wernerkapelle von Bacharach*

Auf halber Höhe zwischen der romantischen Pfarrkirche St. Peter und Burg Stahleck steht mitten in den Weinbergen als Kulturdenkmal rheinischer Hochgotik die Ruine der ehemaligen Wernerkapelle. Sie ist Nachfolgerin einer an gleicher Stelle gelegenen dem heiligen Kunibert geweihten Kapelle. Zart und filigran und etwas traurig steht der kleeblattförmige Bau aus rotem Sandstein da, so ganz ohne Dach. Im Inneren leuchtet die Sonne durch die meterhohen Fenster auf das grüne Gras des Bodens und fordert zum Innehalten und Genießen auf. Der Felsvorsprung, auf dem die Kapelle kurz nach 1287 errichtet wurde, ist umgeben von einer Mauer. Von hier aus hat man einen wunderschönen Blick auf eine malerische Kulisse aus Peterskirche, der Stadt Bacharach und dem Rhein. Der Bau der Kapelle geht auf die Werner-Legende zurück, die den Ort als Wallfahrtsstätte berühmt machte. Diese handelt von einem Jungen namens Werner, der im Mittelalter im zarten Alter von 16 Jahren einem jüdischen Ritualmord zum Opfer gefallen sein soll. Auch wenn es keinerlei Beweise dafür gab, wurde dieses grausame Verbrechen der Judengemeinde von Oberwesel angelastet. Zu jener Zeit gab es Unruhen, die 40 Menschen das Leben kosteten. Daraufhin wurde die Kapelle in Andenken an ebendiesen Jungen namens Werner errichtet. Zur selben Zeit begannen Pilgerreisen zu der Grabstätte des ermordeten Jungen. Zur Erinnerung an Werner wurde der Bau der Kapelle 1430 fertiggestellt. Die Wernerkapelle wurde zusammen mit der Burg Stahleck zu einem Wahrzeichen der Rheinromantik. Heute steht die Ruine der Wernerkapelle als Glanzstück gotischer Baukunst und ist gleichzeitig ein Mahnmal gegen Fremdenfeindlichkeit und Judenhass. Auch wenn wir die genauen Umstände vom Tod des jungen Werners wohl nie erfahren werden, lohnt sich der Aufstieg über die vielen Treppenstufen nach oben. Glück ist auch, mit der Zukunft vor Augen in der Gegenwart zu leben und aus den Fehlern der Vergangenheit zu lernen.

TIPP

An der Wernerkapelle vorbei führt der Weg weiter bergauf zur Burg Stahleck.

Wernerkapelle, 55422 Bacharach
www.bacharach.mittelrhein.net
Anfahrt: L224, Blücherstraße, Wernerkapelle
ÖPNV: Zug RB, RB26, RE, Bhf. Bacharach

Durch den Wind

75 *Bahntrasse Ruwer-Hochwald-Radweg*

Der lange Winter ist endlich vorüber. Also nichts wie raus in die frühlingserwachende Natur. Wie wäre es da mal mit einer Radtour? Einfach in die Pedale treten und den Weihnachtsplätzchen auf den Hüften den Kampf ansagen. Ohnehin soll das Fahrradfahren positive Auswirkungen auf die Gesundheit haben. Los geht es auf den wunderschönen Ruwer-Hochwald-Radweg, der mit zu den schönsten Radrouten auf Bahntrassen in Deutschland zählt. Dort, wo von 1889 an für 80 Jahre die Züge von Hermeskeil nach Trier rollten, befindet sich heute eine wunderschöne Freizeitstrecke für Radfahrer, Rollschuhfahrer oder Skater. Auf der knapp 50 Kilometer langen Strecke über die ehemalige Trasse der Bahn geht es von Hermeskeil bergab durchs Ruwertal nach Trier-Ruwer. Die Strecke bietet eindrucksvolle Landschaftsansichten aus einer Perspektive, die man früher nur vom Zugfenster aus genießen konnte. Rechts und links des Weges wechseln sich dichte grüne Wälder mit den Hängen der Weinberge ab. Im Ruwertal immer dabei ist der kleine Fluss Ruwer, der einmal wildromantisch rauscht oder aber gemächlich und still vor sich hin plätschert. Zugegeben: Die Strecke von den Hunsrück-Höhen hinunter ins Moseltal nach Trier fährt sich leichter als der Weg in umgekehrter Richtung. Aber als Anfänger sollte man es ja langsam angehen lassen. Während der gemütlichen Radtour drehen sich die Pedale fast von selbst. Die ersten wärmenden Sonnenstrahlen des Jahres streicheln im leichten Gegenwind über die Haut. Der Duft des Frühlings lenkt die Gedanken weg von Sorgen und Aufgaben auf das Hier und Jetzt. Fahrradfahren ist Balsam für die Seele und gleichzeitig eine Art der Meditation. Die Tour durch die Wälder führt über einige Holzbrücken und ist ein Erlebnis für die ganze Familie. Und wenn man genug vom Radeln hat, verkehrt als besondere Dienstleistung ein Radler-Bus, der müde Biker vom Moseltal hinauf nach Hermeskeil bringt oder auch umgekehrt.

Ruwer-Hochwald-Radweg, Einstieg: Am Alten Bahnhof, Hunsrückstraße 52, 54421 Reinsfeld
Weitere Einstiegspunkte und Verbindungen unter: www.ruwer-hochwald-radweg.de
ÖPNV: Bus R200, 202, 209, 290, Haltestelle Reinsfeld

Hochwaldbahn
Wiesel
SCOTT

Vom Hinfallen & Aufstehen

76 *Freizeitsee Triolago in Riol*

Triolago! Wie das schon klingt! Nach Italien, nach Blumenriviera, nach Sonnenschein und Spaß. „Da will ich hin!", seufzt das Abenteurerherz. Bis an die ligurische Küste muss man auch gar nicht reisen. Manchmal genügt schon eine Seenlandschaft, umrahmt von den Steillagen der edlen Moselweine. Mitten in der Natur mit Blick auf Wald und Weinberge befindet sich auf der Hunsrückseite der Mosel der große Freizeit- und Campingpark Triolago. Dieser verspricht beste Unterhaltung für die ganze Familie. Das Freizeit- und Urlaubsangebot ist enorm. Es reicht vom Hotel über Ferienhäuser und einen Campingplatz bis hin zum Übernachten in einem Weinfass. Kinder und Erwachsene können sich hier nach Herzenslust austoben. Sei es bei einer wilden Abfahrt durch Kurven und Kreisel auf der über 1000 Meter langen Allwetter-Rodelbahn, bei einer Runde Fußball-Golf, bei einer Partie Minigolf auf der wirklich schönen Kunstrasen-Minigolfanlage oder bei einer Tretbootfahrt über den See. Zudem gibt es ein reichhaltiges gastronomisches Angebot für jeden Geschmack. Ein echtes Erlebnis für alle Wasserratten ist die Wasserski-Anlage auf einem der Seen. Mit etwas Übung kann man hier Wasserski fahren oder mit einem Wakeboard über die vielen großen und kleinen Sprungschanzen hüpfen. Das macht Spaß! Und selbst ein Sturz ins Wasser ist bei sommerlichen Temperaturen überhaupt nicht schlimm. Frostbeulen steht natürlich auch ein Neoprenanzug zur Verfügung. Mit oder ohne Anzug rappelt man sich nach einem Sturz ins Wasser wieder auf und startet unter fachlicher Anleitung neu auf dem eigens dafür vorgesehenen Steg. Nach und nach bekommt man ein Gefühl für diesen Sport, bei dem Körper und Geist auf Hochform laufen. Für die Seilzuganlage, die Wassersportler rund um den See zieht, ist Körperspannung gefragt, sonst kommt man überhaupt nicht in die Pötte, sprich aufs Wasser. Aber wenn man es geschafft hat, machen sich erste Glücksgefühle breit, und man traut sich vielleicht auch über eine kleine Sprungschanze.

TIPP Zum Abschluss bietet sich eine Wanderung über den Weinlehrpfad zum Kumer Knüppchen an.

Freizeitsee Triolago, Zum Campingplatz 1, 54340 Riol, Tel. (0 65 02) 99 55 60
www.triolago.eu

ÖPNV: Bus 33, Haltestelle Im Pichter, Riol

Perle im Hunsrück

77 *Schloss Gemünden*

Gemünden ist einfach nur schön und wird zu Recht als Perle des Hunsrücks bezeichnet. Auf engen Gassen schmiegen sich Fachwerkhäuser aus dem 17. und 18. Jahrhundert liebevoll aneinander und verleihen dem Städtchen einen nostalgischen und immerwährenden Charme. Oberhalb der Stadt wacht auf einem Felsvorsprung das Schloss der Freiherren von Salis-Soglio mit mit vier wuchtigen Ecktürmen über das schlafende Städtchen, das im Mittelalter einmal ein bedeutendes Handels- und Verwaltungszentrum war. Ursprünglich war das Gemündener Schloss eine von den Sponheimer Grafen errichtete Burg. Später ging diese dann an die Schmidtburger Ritter über. Während der Besatzung im Jahre 1689 zerstörten die Franzosen die Burg, die wenige Jahre später als Schloss aufgebaut wurde. Das Schloss ist zwar bewohnt, aber nach Vereinbarung auch zu besichtigen. Außerdem lässt es sich als Eventlocation nutzen.

Die schöne Stadt Gemünden zieht vor allem auch Anhänger des Filmepos „Die andere Heimat" von Edgar Reitz an. An der Hauptstraße mitten im Ort steht an der Brücke über dem Simmerbach der Gasthof Hotel Gemündener Hof. Am Rande des Parkplatzes befindet sich ein Teil der Kirchenkulisse aus diesem Film über den Hunsrück. Sehenswert ist auch die evangelische Kirche, die eine reiche Ausstattung an Grabdenkmälern der Freiherren von Schmidtburg erhalten hat. Diese wurden vom 15. bis zur Mitte des 17. Jahrhunderts dort begraben. Heute existieren davon nur noch drei solcher Grabdenkmale. Wer lieber zu Fuß unterwegs sein möchte, für den wurde ein geologischer Lehrpfad angelegt, wo die verschiedenen Erdzeitalter dargestellt und die Entstehung des Hunsrückschiefers vor etwa 350 Millionen Jahren erklärt werden. Bekannt ist Gemünden auch wegen seiner Fossilienfunde aus der Kaisergrube. Der Panzerfisch „Gemündina" hat sogar Weltruhm erlangt. Eine Mineralien-Ausstellung befindet sich am Anfang des Lehrpfads am Südausgang von Gemünden. Auf den Schieferhalden finden Hobbysammler heute noch Fossilien.

TIPP **Hans Peter Lindenbaum bietet Nachtwächterführungen durch den historischen Ortskern an. Tel. (0 67 65) 74 61**

Schloss Gemünden, Schlossstraße 20, 55490 Gemünden, Tel. (0 67 65) 91 00
www.schloss-gemuenden.de

Die Welt bleibt draußen

78 *Das Gellbersch Haus in Kostenbach*

Glücksmomente im schönen Löstertal. Erinnerungen an die gute alte Zeit, als Oma und Opa noch lebten und die Welt noch in Ordnung war. Sich erfreuen an rustikalen Eichenbalken, knisterndem Kaminfeuer und hölzernen Weinkisten. Schillernde Kronleuchter, ein alter Fleischwolf als Blickfang im Kerzenschein. Im Gellbersch Haus breitet sich der Charme vergangener Epochen aus.

Die Zeit scheint stehen geblieben zu sein in dem historischen Bauernhaus, das Ende des 17. Jahrhunderts erbaut wurde. In liebevoller Kleinstarbeit hat der Besitzer und Gasthausbetreiber Hans Peter Schirra ihm wieder neues Leben eingehaucht, ohne seinen ländlichen Charakter zu zerstören. Zugegeben, die Deckenhöhe ist schon etwas niedrig und nichts für Riesen. Aber wenn man erst einmal an einem der Tische Platz genommen hat, wird man vom Zauber des Hauses gefangen genommen – vorausgesetzt es handelt sich um einen urig-romantisch veranlagten Riesen. Schon von Weitem fällt es auf, das alte Gemäuer mit dem großen Torbogen, durch den in früheren Jahren der voll beladene Heuwagen in die Scheune eingefahren ist. Ziegelsteine an den Wänden erzählen noch von dieser Zeit. Die schöne Atmosphäre wird von angenehmer und ruhiger Musik untermalt. Die Speisekarte verspricht eine deutsch-mediterrane Küche – mit Fleisch oder auch vegetarisch. Täglich frisch zubereitete, hausgemachte Suppen, Ziegenkäse im Speckmantel, eine große Auswahl an Antipasti oder auch auf den Punkt zubereitete Rindersteaks bei Kerzenschein sind Streicheleinheiten für Augen und Gaumen gleichermaßen.

Wenn es draußen warm genug ist, lädt der schöne Sommergarten hinter dem Haus zum Genießen und Verweilen ein. Sich mit Freunden treffen, plaudern über Gott und die Welt und sich dem Zauber des Augenblicks hingeben, das ist doch sicher ein großes Glück. Dazu ein Gläschen Wein, da kann die Welt schon einmal für ein paar Stunden draußen bleiben.

„Gellbersch Haus", Kasteler Straße 2, 66687 Buweiler, Tel. (0 68 71) 9 11 14
www.gellbersch-haus.de
ÖPNV: Bus 216, Haltestelle Alte Schule Kostenbach

Wein aus deutschen Landen
MICHAEL
SCHEIBEL

Auszeit am Weiher

79 *Nationalparkdenkmal Börfink*

Viele Glücksorte im Hunsrück sind häufig Kraftorte. So auch der Platz unterhalb der Heilquelle „De gure Bure“, ein Steinwurf entfernt von einer Wildblumenwiese am Rande der idyllischen Gemeinde Börfink und gleich in der Nähe der Wandertraumschleife „Ochsenbruch“. Die Magie dieses Ortes wird spürbar, sobald man vom Parkplatz aus zu dem kleinen Weiher mit der Ruhebank für Wanderer kommt. Man möchte sich hinsetzen, dem Rauschen der alten Fichten zuhören, Kröten und Lurche beobachten und sich einfach auf die vielen kleinen Glücksmomente, die das Wunder der Natur für uns bereithält, besinnen. Am Rande des Weihers und genau im Herzen des Nationalparks Hunsrück-Hochwald steht ein steinernes Denkmal, das der aus Sensweiler stammende Künstler Gerd Edinger aus Findlingen gebaut hat. Die Quarzite wiegen rund 70 Tonnen und stammen überwiegend aus einem Steinbruch bei Allenbach. Das Zentrum bildet ein vier Tonnen schwerer Findling. Um diesen herum liegen weitere Steine, die von ihrer Anordnung an die typisch vorkommenden Rosselhalden der Region erinnern. Der Künstler hat die Steine nach allen Himmelsrichtungen ausgerichtet. Ebenso fällt eine kleine integrierte Wasserwanne auf, die den Vögeln als Tränke dient. Von hier aus geht es weiter hoch in den Wald zum „Gure Bure“, einer Heilquelle, die an einen blinden Schäfer erinnert, der diese laut einer Sage entdeckte und durch ihr Wasser geheilt wurde. Der Weg zum Brunnen dauert etwa zehn Minuten. Zurück am Weiher heißt es erst einmal Platz nehmen und entspannen. Hier gibt es Natur für alle Sinne. Man sieht je nach Jahreszeit die Farben der Blätter, vernimmt die vielfältigen Geräusche des Waldes, spürt die Luft auf der Haut und riecht den erdigen Duft des Bodens und das saftige Grün oder das feuchte Nass auf der Wiese, je nach Tageszeit. Schön, dass es hier keinen Handy-Empfang gibt.

TIPP

Entlang der Traumschleife „Ochsentour“ gibt es Hangmoore, wilde Narzissen, Arnikawiesen und Wollgras.

Nationalparkdenkmal, 55767 Börfink

Anfahrt: Das Denkmal erreicht man vom Gasthaus „Zur Alten Mühle“ aus, Dorfstraße 33, 54422 Börfink

Historisch genießen

80 *Badische Amtskellerey in Kastellaun*

Ein altes gusseisernes Tor führt direkt zum wohl schönsten Biergarten des Städtchens. Hier im Innenhof der „Badischen Amtskellerey" findet man Ruhe und im Sommer ein schattiges Plätzchen. Idyllisch unter hohen Bäumen gelegen, bietet das Lokal ganz nach dem Motto „Hunsrücker Gastronomie in historischen Mauern" neben der typischen Hunsrücker Gastlichkeit auch regionale Speisen – gerne auch vegetarisch. Das Gebäude wurde von Markgraf von Baden im Jahr 1670 erbaut und diente ursprünglich als Badisches Amtshaus für seinen Verwalter. Heute ist es ein wunderbarer Ort zum Träumen und Genießen. Das Restaurant mit dem schönen Sommergarten bietet jede Menge Raum, um sich an frühere Zeiten zu erinnern. Das dazugehörende angrenzende Gästehaus „Altes Pfarrhaus" entstand Mitte des 19. Jahrhunderts. Heute beherbergt das historische Häuserensemble 16 individuell eingerichtete Hotelzimmer in einer einzigartigen Lage am Fuße der Sponheimer Burgruine. Angegliedert an das Restaurant ist die historische Kulturscheune, in deren Wand ein Teil der Stadtmauer integriert ist. Neben Familienfesten wie Hochzeiten und Geburtstagsfeiern finden in diesem alten Gemäuer auch öffentliche Empfänge und Kulturveranstaltungen statt. Ganz bezaubernd ist die Schlossschänke, die ehemalige Waisenschreiberei des Ortes. Hier wurden im 18. Jahrhundert die Vermögens- und Besitztümer unmündiger Waisenkinder verwaltet. Heute verzaubert das Haus mit dem nostalgischen Charme einer früheren Zeit. Fachwerk, windschiefe Eichenbalken, eine Galerie mit einem Uralt-Eisengeländer, meterhohe Decken über zwei Etagen, die alte knarzende Holztreppe, das alles zusammen lässt das Nostalgikerherz höherschlagen. Es erinnert an Apfelstrudel mit heißen Himbeeren, Puderzucker und Heimat. In Hunsrücker Platt ein echtes „Gehaischnis" eben.

TIPP

Der norwegische Lachs in hauseigener Mojito-Beize auf Kartoffel-Birnen-Puffer mit Honig-Senf-Sauce schmeckt ganz vorzüglich.

Hotel Badische AmtsKellerey, Schlossstraße 19, 56288 Kastellaun, Tel. (0 67 62) 4 01 90
www.badische-amtskellerey.de

MARTINI
ORRELL
Auslese
2000

Bibliografische Informationen der Deutschen Nationalbibliothek
Die Deutsche Nationalbibliothek verzeichnet diese Publikation in der Deutschen Nationalbibliografie; detaillierte bibliografische Daten sind im Internet über http://dnb.d-nb.de abrufbar.

2. Auflage 2020
Konzeption/Satz: Droste Verlag, Düsseldorf
Einbandgestaltung und Illustrationen: Britta Rungwerth, Düsseldorf unter Verwendung von Bildern von © Fotolia.com: jd – photodesign.de; © iStock: Plociennik Robert
Fotos: Andrea Fischer, außer:
S. 13: Cornelia Arens, klickfaszination.de; S. 17: Transdev SE & Co. KG; S. 57: andrzej2012 – stock.adobe.com; S. 73: Hunsrück Lamas „Villa Autland"; S. 87: Eiscafé Torino; S. 95: Eike Dubois; S. 99: Sarah Stieren, Wochenspiegel; S. 139: Inka – stock.adobe.com; S. 147: Der Whiskykeller; S. 155: karlo54 – stock.adobe.com

FSC
www.fsc.org
MIX
Papier aus verantwortungsvollen Quellen
FSC® C011279

Druck und Bindung: LUC GmbH, Greven
ISBN 978-3-7700-2143-7

www.drosteverlag.de